图说名人

《图说名人》编委会　编著

托尔斯泰

贵族中的农民

Tuoersitai

Guizu zhong de nongmin

南海出版公司

图书在版编目（CIP）数据

贵族中的农民——托尔斯泰 / 《图说名人》编委会编著. -- 海口 ：南海出版公司，2015.9（2024.8重印）

ISBN 978-7-5442-7995-6

Ⅰ. ①贵… Ⅱ. ①图… Ⅲ. ①托尔斯泰，L.N.（1828～1910）－传记 Ⅳ. ①K835.125.6

中国版本图书馆CIP数据核字（2015）第204949号

GUIZU ZHONGDE NONGMIN——TUOERSITAI

贵族中的农民——托尔斯泰

编　　著　《图说名人》编委会
责任编辑　张蕾
出版发行　南海出版公司　电话:（0898）66568511（出版）
（0898）65350227（发行）
社　　址　海南省海口市海秀中路51号星华大厦五楼　　邮编：570206
电子信箱　nhpublishing@163.com
经　　销　新华书店
印　　刷　天津旭丰源印刷有限公司
开　　本　787毫米×1092毫米　1/16
印　　张　7
字　　数　80千
版　　次　2015年12月第1版　　2024年8月第3次印刷
书　　号　ISBN 978-7-5442-7995-6
定　　价　36.00元

前言 TUSHUOMINGREN

列夫·托尔斯泰，1828年9月9日出生于俄罗斯图拉省克拉皮文县的雅斯拿雅·波里雅拿庄园，1910年11月20日在阿斯塔波沃车站逝世。他是19世纪俄国最伟大的作家、改革家和道德思想家，也是世界文学史上最杰出的作家之一。托尔斯泰之所以获得不朽的声誉，主要是由于他的三部长篇小说《战争与和平》《复活》和《安娜·卡列尼娜》。他的作品描写了俄国革命时期人民的顽强抗争，他因此被列宁称为“俄国革命的镜子”，并称赞他创作了世界文学中“第一流的作品”。

托尔斯泰自幼接受典型的贵族家庭教育。1844年9月20日，考入喀山大学东方语言系，攻读土耳其、阿拉伯语专业。当年期终考试不及格，1845年9月13日转入喀山大学法律系学习，准备当外交官。他不专心学业，迷恋社交生活，同时却对哲学尤其是道德哲学产生了兴趣，并广泛阅读文学作品，受到卢梭、孟德斯鸠等启蒙思想家影响。1847年4月，退学回到家乡。回到家乡庄园后，他企图改善农民生活，因得不到农民信任而中止。后从军多年，并开始文学创作。

1862年，托尔斯泰和出身于有教养的中产阶级家庭的索菲亚·安德烈耶芙娜结婚。他中断了教育活动，并在以后的15年里，把他的全部热情献给了婚后的生活，大部分时光过得充实而快乐，共生育了13个子女。他把庄园管理得很好，并重新开始写作。可惜索菲娅不能摆脱世俗偏见，过多为家庭和子女利益着想，不能理解世界观激变后托尔斯泰的思想。夫妻的不和酿成最后的家庭悲剧。

托尔斯泰晚年力求过简朴的平民生活，1910年11月从家中出走。1910年11月20日一代文学巨匠走完其人生旅程，享年82岁。遵照他的遗言，遗体安葬在雅斯拿雅·波里雅拿的森林中，坟上没有树立墓碑和十字架。

目录

CONTENTS

幸福的童年

少年的沙漠期

为理想孜孜追求

51

古老传统的家族

托尔斯泰的家族从16世纪以前就被人传说着。现在让我们来探究一下这些传说。据说托尔斯泰家族的祖先于公元1353年，率领他的两个儿子和三千多族人，从德国财兹鲁迁徙到了俄国。

有人说托尔斯泰的家族就是从这群族人中传衍出来的，但是找不出关于这方面确切的历史记录。

最早的记载，则要回溯到16世纪伊凡雷帝时代了。

当时托尔斯泰家族的族长为伊凡·伊瓦诺比齐，他是克拉彼巴那地方的长官，他的儿子互西里·依瓦诺比齐（死于1649年），是第一位参与政治活动的托尔斯泰族人，他能力卓越，因此担任各种政府要职。

根据记载，互西里·依瓦诺比齐担任过各都市的市长，最后荣升为一等官。从此以后，族中人才辈出，许多人成为颇有名气的政治家、官吏或军人，这些均有记载可查。

1877年，有位族中的军人，因参加远征土耳其战役有功，受到皇帝的褒奖并受勋。皇帝曾对他说：“由于你防守齐凯林市，使它免遭土耳其军队的蹂躏，值得褒奖。”

托尔斯泰家族中，第一位获得伯爵爵位的叫彼约特鲁·安德烈比奇，他是彼约特鲁一世最亲近的人。

名人名言

成功的教学所需要的不是强制，而是激发学生的欲望。

——列夫·托尔斯泰

※普希金像

在彼约特鲁一世和叶卡捷琳娜二世时代，昌盛一时的贵族中，除了托尔斯泰家族外，后来都逐渐地没落了。

在托尔斯泰家族中，后来又陆续出现了许多军人、政治家、文学家以及艺术家。要是说托尔斯泰这一族曾被记载于俄国的正史上，那有些夸大其辞；然而，在俄国的宫廷史上，确实有和他们相关的记录。

在上述这些托尔斯泰家族名人中，固然有不少正统君子，但也有一些特立独行之人。

格里保埃德夫曾经写了一首诗歌，颂扬佛约德尔先祖。

佛约德尔是一个专在夜晚活动的人，虽然曾被放逐于堪姆察卡，但他却变为阿留申人回来。他不关心道德，性情浮躁；他那颗浮躁的心，把他从天堂推落地狱，又把他从地狱拉回天堂。他的一生几乎都是在天堂与地狱间流转……他似乎是一位粗鲁的浪漫主义者。

据人们传说，佛约德尔的一生变幻莫测，就人类道德原则来衡量，他是个与众不同的极端分子，不曾谈论过法治，这都是深受时代观念影响的结果。但他为人勇敢，充满活力，颇具睿智与才华；也是一位有教养、对朋友讲义气的人。

又有人传说，佛约德尔虽然有一些使人不敢苟同的阴暗面，但只要是认识他的人，都会喜欢他，尊敬他，因为他具有活泼开朗的性格。

佛约德尔的某些行为虽然有失道德，但似乎颇得人缘，如果这么一位可爱的人现在还活着的话，由他现身说法叙述他的生涯，一定是很有趣的。

据说，他曾经差点和俄罗斯的民族诗人普希金决斗。

佛约德尔的女儿是一位诗人，她所写的诗集曾经出版过，但是属于非卖品。

佛约德尔虽然英年早逝，但一生充满着传奇。他是莫斯科贵族会的长老，在这个贵族会的成员中，有粗鲁的人，也有循规蹈矩的真正贵族。

托尔斯泰曾在小说《战争与和平》中，提及佛约德尔是位粗暴的决斗狂，也是贵族会的长老。

在这两种不同的类型中，托尔斯泰比较心仪他那粗鲁的一面；而托尔斯泰也认为在托尔斯泰的家族里，也就是托尔斯泰家族的血缘中，奔流着这种豪放武士的血液。

托尔斯泰体内所承流的，似乎就含有这个粗鲁人的血液。

这些家族旧事，复杂而冗长，族人中除了先祖佛约德尔外，尚有许多活跃于宫廷的贵族、地方官吏以及军人，其中有些人因卷入过皇位的争夺或继承问题的纷争中，而几乎被判死刑。

托尔斯泰就是生长在这个具有古老传统的家庭里。

总之，凡是古老的家族，只要深入地去探索它的历史渊源，就能发现许多有名的人物，这是一件非常有趣的事情。

托尔斯泰故居

出身贵族的父母

托尔斯泰的父亲是尼科莱·伊利伊齐·托尔斯泰伯爵。

他是一位军人，1812年6月11日曾担任乌克兰第三哥萨克屯垦队（后来改称为伊鲁克兹克骠骑队）的骑兵少尉，在他上任的第二天，拿破仑未经宣战就直接攻向俄罗斯的边界。

托尔斯泰的父亲

这时，托尔斯泰的父亲不顾自己双亲的忧虑，勇敢地走向战场，他当时看到战场上那种残酷的情景，曾在信中说道："我已经坐上贼船，现在只好全力以赴了。"过了不久，他又在信中说："我的战斗意志已经衰退了，我已经不再关心这场几乎毁灭人性的战争，我只想和美丽的妻子以及年幼的孩子们，幸福地过着隐居的生活。"

拿破仑远征俄国，对法军而言，是一项很沉重的负担；但很明显，对俄国军队也是巨大的压力。

最初托尔斯泰的父亲是担任祖

母的亲戚阿烈克势将军的副官，后来升为骑兵上尉联络官。1814年，在前往彼德鲁勃尔格途中，在德国境内被法军逮捕。1815年，当俄军攻进巴黎时，又重获自由。

可是俘虏的生活对托尔斯泰的父亲而言，好像并不苦，这是因为托尔斯泰父亲的传令兵，把托尔斯泰父亲的钱偷偷地藏在他自己那宽大的长靴中，而没有被搜去。

这位传令兵脚部虽然受了伤，可是在整个被俘期间，却绝对不在别人面前脱下长靴，因此托尔斯泰父亲的钱才得以保留下来。托尔斯泰父亲就利用这笔钱，在俘虏营中买到自己喜欢的东西，他对这位忠心的传令兵，也因此更是一辈子感激不尽。

当和平来临后，托尔斯泰的父亲回到俄国。1815年8月8日，托尔斯泰的父亲改任为近卫骑兵团副团长，还兼任祖母另一位表兄弟安德烈将军的高级副官。

1819年3月14日，托尔斯泰的父亲以生病为由离开了军队。

由于长年驰骋于战场，又当过敌军俘虏，以及在各处东奔西走，所以，托尔斯泰父亲的身体变得非常衰弱。但是他离开军队，则是另有其他原因，其中最主要是因为身为卡占地方长官的祖父由于生活奢靡，而将家财都挥霍光了。

托尔斯泰曾在其《幼年时期的回忆》一书中提到一些关于祖父的话题。虽然是卡占的地方长官，但是祖父的生活过得非常潦倒。亲戚们体恤他，才为他安排了这个官职。

据猜测，托尔斯泰祖父可能是个大方、温和、乐观而又好客的人，同时也是个容易受骗的人。

他住在贝列夫斯基群的波里雅拿领地（并不是托尔斯泰的出生地雅斯拿雅·波里雅拿），终日无所事事，狂欢作乐。

他每天一早就开始宴会，或乘坐马车去看戏。黄昏后，邸宅里总是一片喧哗，音乐声不绝于耳，大家正狂舞喧嚣。

不但如此，有的人还以巨额金钱作桥牌赌博，而托尔斯泰的祖父母对这方面是绝不输人的。

祖母和其他人不一样，并不太聪明，她是一位暴发公爵的女儿，从小就娇生惯养，以致养成了任性、奢侈而挥霍无度的个性。

夫妇俩的法语比俄语好。他们学识不深，喜欢跳舞，尤其嗜赌如命，祖父尤其容易受骗，只要有人开口向他借钱，不管是谁他都有求必应。他有时受到别人的煽动，或一时高兴，就开始改行做生意，最后却总是落得一文不名。

※托尔斯泰的父亲

当初祖母嫁到托尔斯泰家时，曾分到很广大的一片土地，但现在却全部落入别人手中了。

于是祖父只好到处去拉拢亲朋好友活动，好不容易才谋得卡占县县长职位，得以勉强支撑着原来的家庭生活水平；但家中经济状况已是入不敷出，所以托尔斯泰的父亲才不得不立即设法寻求解决困境之道。

祖父去世后，留下了许多债务，托尔斯泰的父亲也因此而陷入困境。这些情形在托尔斯泰的小说《战争与和平》的大结局中，曾以尼克莱·洛斯托夫老伯爵亡故后家族生活为影射。

不久后，曾担任过军职的父亲，就任了莫斯科军人遗族救济所的助理监察人。

这个职位对托尔斯泰父亲来说，实在太渺小了，但是在祖父庞大债务的重担之下，这不啻是免遭牢狱之灾的一种办法。

父亲为了替祖父偿还巨额债款，过着非常拮据的生活。

但是过惯了豪华生活的老祖母与父亲的妹妹们，则无法再支持下去了。可是，想要解决这个困局，除了接受拥有庞大资产者的资助外，实在没有其他办法。

于是，侯爵千金玛丽亚·尼可拉爱比娜·宝康斯卡雅嫁入了托尔斯泰家族。

据说托尔斯泰父母亲的结合，是所谓相亲式的婚姻，由双方的亲戚来主婚。托尔斯泰母亲虽然很富有，但当时却年纪不小而又丧母；父亲则是出身名门、性格开朗、交游广阔的美男子。

家计的困窘，因转变得太过剧烈，托尔斯泰父亲曾一度拒绝继承；而托尔斯泰的母亲就是在这种

情形下，嫁到托尔斯泰家的。

托尔斯泰母亲虽然敬爱托尔斯泰父亲，但绝不能说是爱慕，因为她对已死去的未婚夫还怀着思慕之情，而且一直延续到她去世为止。可是母亲并不因此而对父亲冷淡，他们生了子女后，她也一直敬爱着托尔斯泰父亲。

在《战争与和平》一书中，洛斯托夫伯爵家人与宝康斯卡雅伯爵家人活跃于其中，托尔斯泰将前者视为托尔斯泰伯爵家族的化身，而让后者代表托尔斯泰母亲的宝康斯卡雅侯爵家族。

托尔斯泰母亲嫁到托尔斯泰家后，使得负债累累的托尔斯泰家族得以起死回生，恢复了原来繁荣的局面。

托尔斯泰所出生的雅斯拿雅·波里雅拿公馆，周围有两千五百英亩的土地。土地的一半是田地，另一半是森林。这块土地是托尔斯泰母亲娘家所有。

托尔斯泰外祖父是陆军中将、军区司令官，退役之后就住在这块领地上。由于托尔斯泰母亲是独生女，于是就顺理成章地继承了这片土地。

托尔斯泰母亲嫁到托尔斯泰家后，一共生了五个子女，1830年生下最后一个孩子（托尔斯泰的妹妹）后，因产后身体过度虚弱而去世，这时托尔斯泰才一岁零八个月。

托尔斯泰对母亲的容貌并无印象，在贵族家庭中都有悬挂家族肖像的传统习惯，但是不知是什么原因，托尔斯泰母亲的肖像却没有挂在家中。托尔斯泰母亲少女时代的照片，只留有一张，但是做母亲时的照片，却一张也没有留下来，因此，托尔斯泰只能从想象中去勾勒母亲的容貌，这是件多么遗憾的事！但从另一方面来看也可以说是值得庆幸的，因为怀着想象的心情去追忆他的母亲，一切都可以被美化。

不只是他的母亲，在托尔斯泰的印象中，凡幼年时代接近过他的人们，包括父亲和马车夫在内，都是善良而美好的，当然，母亲更是最伟大的了。

据说，托尔斯泰母亲并不很漂亮，可是以当时的女性来看，她却具有优良的教养。除了俄语外，她还会法语、德语、英语、意大利语，她对艺术方面也颇具鉴赏力，更弹得一手好钢琴，口才也非常好。

她还能编各种有趣的故事，常常把她所编的故事讲给别人听。

有人说托尔斯泰最像母亲，但托尔斯泰还是认为大哥尼克莱最像她。

托尔斯泰母亲去世的时候，尼克莱只有六岁，从母亲遗留下的信件看来，尼克莱似乎继承了母亲的天性。

母亲与尼克练卡（尼克莱的昵称）个性上最相像的是把自己所具有的智慧、学识、道德的优越感，都隐藏起来。简言之，他们都是非常谦逊的人。当然，这些都是托尔斯泰的幻想，托尔斯泰一生中都在幻想着他的母亲。

在托尔斯泰的小说《幼年时代》中，曾如此描述他的母亲："当我幻想我母亲真正的容貌时，浮现在心头的，常是她那永久不变、温柔的脸庞，漂亮的褐色眼睛，短短卷发下的一颗痣，还有那漂亮刺绣的白领子，洁净、纤细、小巧的手，我常去亲吻、抚摸它们。"

托尔斯泰又在其他的文章中写道："我母亲的婚姻生活很短，大约只有九年，但那是幸福、美好的生活。生活中充满着所有人对我母亲的爱，母亲对生活中所有人的爱，互敬互爱地酿成绚烂的色彩。母亲的容貌高贵而圣洁，年轻时，每当我遇到困难，就一定向母亲的圣灵祷告、求助，而母亲的神灵也都常会来帮助我。"

对托尔斯泰来说，母亲并没死去，她常活在他身旁并帮助他，他是如此地相信，永久地相信。

托尔斯泰曾在1906年（78岁时）3月10日的日记上这样写着：

"今日一整天都无精打采，心情郁闷，入夜后，心绪始终不宁，此时非常想念母亲的慈爱，想到幼年时被爱我的人拥抱，现在却没有如此拥抱我的人了。

我曾在心中不断地寻找我所爱的人，可是一个也没有。

终于，我想到了我的母亲。对了，是我一次也没有叫过或与她谈过话的亲爱的母亲，此时我却非常地思念她。

在我的眼中，她是至高的、圣洁的、慈爱的象征，没有神那般的冷酷无情，而是像世界上活着的、有血有肉、温暖的母亲们一样，当我疲惫不堪时渴望着她的抚慰。

我亲爱的母亲，请拥抱我吧！这么说也许会被人取笑，但这也没有办法，因为在我心灵深处确是如此的渴望着啊！"

托尔斯泰在80岁那年的6月10日，也曾在日记中这样写着："今早我照例做了晨间散步，心中不断地思念着母亲。我虽无法记得母亲的慈容，但这思念之情却是我神圣的向往，我从未听到别人说过她的坏话……"

只要托尔斯泰过生日，他就会想

起他的母亲。幼年时期思念着，耄耋之年仍是一样地想念着。

每当托尔斯泰跳着马祖卡舞时，偶尔跳错了舞步，也会不禁想起母亲。托尔斯泰在《幼年时代》一书中，也曾提及幼年时所发生的这种事情："……只要妈妈在，妈妈就一定不会为我而脸红……我的思绪随着怀念之情而远逝……想起了妈妈经过家门前草地时的踪影，庭院里古老的大菩提树，燕子掠过那清静的池塘上，还有在刚收割的麦草堆上躺着仰望那天空飘浮的白云和蓝天，明亮、寂静的黄昏，这些都浮现在我的脑海里，真是历历在目；更有那美丽如彩虹般的怀念，在我变化无穷的幻想中跳跃着……"

小时候，母亲总是温柔地呼唤托尔斯泰，经过六十年、七十年之后，母亲在他的心目中，仍旧永远是如此的温柔美丽。

古老的菩提树

子女眼中的父母

托尔斯泰喜欢母亲，同样他也喜欢父亲。现在介绍一下他们子女心目中的父亲。

父亲每天忙着管理自己的土地，可是他并没有忘记无微不至地照顾自己的孩子。

托尔斯泰的双亲于1822年7月9日结婚，当时是在莫斯科郊外卡雅诺坡村的教堂中举行婚礼的。

如前所述，他们并非由恋爱而结合，但是两人婚后的生活很幸福，一共生了四男一女。父亲

莫斯科教堂

辞去了军人遗族救济所的工作，在雅斯拿雅·波里雅拿担任改善财政的工作。

父亲开始过着与那喜欢玩乐的祖父完全不同的勤俭生活。

1824年，外祖父所建的雅斯拿雅·波里雅拿两层楼的木造大公馆落成。

五年后，父亲买回了因替祖父还债而卖掉的尼克莱·比雅先斯基的广大土地。

总之，将衰败的托尔斯泰家族恢复到原来的盛况，是父亲当时最大的愿望。

在《幼年时代》一书中以《父亲是个什么样的人物》为题的一章的开头，托尔斯泰这样写着：“他有魁梧、健美的身躯，但奇怪的是走路的步伐却很小；他有耸肩的怪癖，小眼睛经常含着微笑，并且有着大大的鹰钩鼻子，不太整齐但还算端正的嘴唇，常常紧闭着，咬字发音却不太清楚，经常带着咻咻的余音；他还有着微秃的头顶，这就是记忆中的父亲。”

由于托尔斯泰的父亲说话很谦和，所以被大家所喜爱。事实上，不管是年老的、年轻的，还是名人、学者的确都很喜欢他。

他懂得人的心理，知道如何与人交往。

莫斯科

他是个退役军人，和所有的退役军人一样，漂亮的服饰并不适合他。当他穿上流行的礼服或燕尾服时，好像脸部化了妆似的不自在。所以，他经常喜欢穿一些剪裁合身而又舒适的便服。

托尔斯泰的母亲很擅长弹钢琴，父亲也很喜爱音乐。当然，他对于像贝多芬的奏鸣曲等深奥难懂、令人听起来昏昏欲睡的作品，并不太喜欢；他喜欢选择自己能伴奏的小品，或哼一哼朋友所作的浪漫歌曲，或者吉卜赛之歌和各种歌剧。

※普希金铜像

托尔斯泰从来没有听父亲谈论过有关反宗教的言论，他似乎是个很有宗教信仰的人。

父亲结婚后，虽然忙着管理广大的私有土地，但仍然是个喜爱读书的人，家里二楼的书房里，经常摆满了法国古典文学、俄国文学、历史以及科技等方面的书籍。

有些有钱人家不喜欢读书，但为了炫耀自己的教养，往往买些书来摆在书橱内作为装饰品，托尔斯泰父亲却认为在上次所买的书读完以前，绝不应该再买新书。这种原则虽然不太容易坚持，但是父亲却努力去遵循。

父亲最喜欢读传记和诗。

孩子们常要求父亲讲故事或念诗给他们听，父亲尤其喜欢俄国民族诗人普希金的诗。

父亲首先朗诵普希金的诗，然后让他们也跟着朗读。

父亲又教他们兄妹画画，孩子们都很喜欢他的指导。当然，父亲并不是一位画家，但是他所画的东西，在孩子们眼中却比其他任何画家都高明。

通常，父亲都为孩子们画一些传说中有名的“火鸟”。除了火鸟之外，他还画一些孩子们从来没有看过的在海上吐着烟航行的汽船，以及莫斯科的都市生活写实，有时也画穴居于河边的海狸。父亲就是如此一位有耐性、有教养，同时对孩子很温和的人。

托尔斯泰一家一直住在雅斯拿雅·波里雅拿，后来为了哥哥尼克莱与西尔涅读书方便，就搬到莫斯科的姑母家。当然，雅斯拿雅·波里雅拿的房产并没有卖掉。

兄弟姐妹们

托尔斯泰有三位兄长。最大的叫尼克莱，比他大六岁。二哥叫西尔涅，大他两岁。三哥叫德米特列，大他一岁。

在托尔斯泰一岁半时，妹妹玛丽亚出生了。

据说他母亲最疼大哥尼克莱，但她同时也昵称托尔斯泰为“我的小班查明”，她疼爱托尔斯泰的心是无法以言语表达的。

可是当妹妹出生后，母亲却永远离开了他们。

因此，对于母亲的一切，他只是有一点点的印象而已。

※托尔斯泰家的兄弟们

大哥尼克莱昵称为尼克练卡，他在兄弟中是最被父母疼爱的一个。他虽然有时喜欢捉弄别人，但个性稍带内向，且很有才华，具有基督徒的温柔，为人仁慈。他在高加索当军人时，喝起酒来就像喝水一般，他心地善良，如果借住在穷人家，他往往会把自己所有的东西毫不吝啬地施予他们。

和托尔斯泰同时代的作家屠格涅夫曾经说过："列夫·托尔斯泰只要说出理论就觉得心满意足了，但尼克莱却去实践了理论。"

大哥好像完全继承了母亲的一切，很有口才，想象力也很丰富。他完全是一流艺术家的作风，而且很喜欢交朋友。

在弟弟妹妹们很小的时候，经常称大哥为"你"，他们也不知道为什么会如此称呼他。

尼克莱可以说是个名副其实的奇异少年，长大后也成了一个令人惊异的非凡人物。他没有虚荣心，从不关心别人对他的看法如何，且具有艺术家敏锐感觉的气质；他是位有高度节操的人，也是戏谑而不伤大雅的幽默家，具有无穷的想象力以及虔诚高超的世界观，但绝不自我陶醉。他的想象力非常丰富，可以滔滔不绝地讲许多神话和幽灵故事达几小时之久，使人浑然忘我，而且并不觉得他是在说故事。

二哥西尔涅昵称为西略佳，做事认真，人长得很英俊，经常面露微笑，和大哥不同的是他不太喜欢别人，却是个很少犯错的谨慎孩子。

三哥德米特列，小名叫米千卡，为人热情，做事很认真，求学时曾像宗教家般地绝过食；也经常对贫穷的人施舍，即使家里有病人，他也常留宿穷人。

最小的妹妹玛丽亚，是一个心地善良的女孩，嫁给一位伯爵的亲戚，但是婚后生活并不幸福，不久她就离家进入夏玛鲁丁斯基修道院当修女，终其一生。

托尔斯泰与三哥米千卡，因在同一年份出生，因此成了很要好的朋友。对于大哥尼克莱，他是抱着

※托尔斯泰故居一角

尊敬的态度；对二哥他则以佩服的心去模仿他、敬爱他，想成为像他一样的人。二哥是个美男子，经常歌声不辍，不论是唱歌、绘画，都显示出豪放的个性，这些都使他佩服不已。

至于兄妹们对托尔斯泰的看法如何呢？比托尔斯泰年小一岁半的妹妹玛丽亚曾经如此说过："幼小时的列欧西卡个性非常开朗，是个乐天派。他每次进入房间时总是微笑着，好像发现了什么新奇的事要立刻告诉大家似的，他总是嚷着跳进来，无论何时都很可爱，也很温柔，完全没有粗野的举止。他虽然喜欢开玩笑，但是每当开得过分时，自己的眼中就会充满泪水，因此，兄长们就给他取名为'爱哭的列夫'。

每当被兄长们欺负时，他就跑得远远地躲着抽噎地哭，当别人问他：'怎么啦？列欧西卡。'他就会哭着说：'大家都在欺负我。'然后颤抖着肩膀大声地哭起来。"

这是妹妹对他的看法，相信哥哥们对他也持有相同的看法吧。

然而，在这些快乐的兄妹们之外，还有一位兄弟生活在圈外。这件事以今天的观点来看，是不可思议的。

托尔斯泰的父亲在十六岁时曾经获得一位托尔斯泰家农奴小女儿的爱，而他们又不能结婚，这位女孩就只能照顾着他父亲的一切生活琐事。

两人所生的孩子取名叫米先卡，大家都知道他是父亲的儿子。

事实上，他在五个兄弟中是最大的，但是由于当时的社会礼教以及门庭关系，无法走进他们的家庭和他们兄弟共同生活。

虽然他的弟弟们每个都被称为少爷，过着幸福而富裕的生活，但他却必须去当邮差过日子。

托尔斯泰在《回忆录》中曾经描写过他：

> 我的这位兄长（指米先卡）虽然日子过得还不错，但是后来却误入歧途，以致生活逐渐潦倒。长大成人后，他常常来向我们要钱，每当我们给他十卢布或十五卢布时，他都很客气地说声谢谢。
>
> 这么一个长得最像父亲的兄长，却可怜地向我们请求援助，使我不仅觉得悲哀，更有一种说不出的感觉。

他后来写《复活》一书时，曾把这件事情写在该书的第一章第十八节中。

最初的记忆

前面已经说过托尔斯泰出生于1828年，据说他出生时哭声非常大，几乎可以把附近的邻居吓坏了。

从洪亮的哭声中，可以想象得出这婴儿是多么地充满活力。

但是据说托尔斯泰并不是一个很可爱的婴儿，鼻子很大，眼睛深陷，额头如受难人一般，长满了深深的皱纹，是一个让人联想到“老头”的婴儿。

当然，托尔斯泰也和任何人一样，婴儿时的事是无法记忆的，只是在模糊中留存着少许印象。

托尔斯泰好像被裹在某种东西之中，虽然想伸

※托尔斯泰博物馆一角

出双手，但总是伸不出来，于是他开始喊叫，这种叫声使他觉得非常不舒服，但是又无法停止，这时好像有人弯着身站在他身边。当然他并不记得那是谁，更何况这件事是在昏暗中发生的。

朦胧中他感觉到身边有两个人，他们对他的喊叫声视若无睹，完全不理会他的期望，也不拿开包裹着他的东西，这时他就哭得更大声了，虽然他知道自己的身体并没有必要这样裹着，但那两个人却都认为这是必要的。他竭力想对他们表达他的意思，于是只好用自己觉得厌烦但又无法控制的声音哭个不停。因为身为无法说话的婴儿，只有哭才是唯一表达意思的方式。

过了一个时期——不，可以说是同一个时期，托尔斯泰还有个愉快的印象。

那时他坐在洗澡盆里，有一位保姆替他擦身，一阵无法形容的新鲜而幽香的气味，散发在他的周围，可能是装花草的布袋香味，这种特殊的气味打动了他的心。

生下来第一次看到自己露出肋骨的小巧身体、幽暗而滑溜的浴槽、保姆卷起袖子的手、温暖的洗澡水、冉冉上升如雾般的蒸气，还有洗澡时哗啦哗啦的水声，他尤其喜欢摸浴槽的边缘，有种滑溜溜的感觉。

他不厌其烦地观看着浴室的四周，并倾听着声音。

托尔斯泰从生下来一直到满三岁，都是由保姆抚育，从离开她的膝盖到开始学习走路以及牙牙学语的期间，任他如何去寻思，除了上面讲的两个印象外，再也找不到其他的印象了。

这真是不可思议，到底他这小小身躯是从何时开始有的？何时开始会看东西、听声音、分辨东西、开口说话的呢?是否在亲一亲母亲或逗母亲笑一笑，而且有了这种记忆时，才有的生命呢?当然他是有生命的，而且过得很幸福。

从任何角度来看，他都是很幸福的。只是他曾说过，他并不是个很可爱的娃娃，所以稍微长大后，他就开始烦恼了。

托尔斯泰在小说《幼年时代》一书中如此描述：

……有时候我对自己很绝望，我的鼻子大而扁，嘴唇很厚，眼睛细小又呈灰色，像这样丑的人，幸福之神一定不会降临到我的身上，除非神能赐予奇迹，使我成为美男子，否则别无他法。只要能够美化

※俄罗斯文豪高尔基

我，我一定把现在以及将来所能获得的一切都献给神——我时常如此祷告神来帮助我，可是奇迹并没有出现。

从小他就这样自我悲观，到后来他对自己的脸还是没有信心。

有一位批评家对托尔斯泰的脸下了如此的评语："设计这么伟大灵魂的住宅（指他的脸而言），不是希腊的艺术之神，而是一个极为平凡的木匠。"因为他拥有一张平凡的丑脸。

这位不客气的批评家继续说道：

他的风采会令初次见到他的人泄气。他们从很远的地方坐火车或从托拉市坐汽车来到他的住宅，坐在客厅中等着主人出来接待，心中不免想象着会有一位和蔼可亲的好人出现。可是不知何故，一位与他们想象完全不同的人却打开了门，他是个矮胖的男子，蓄着杂乱的胡须，加速脚步走进来，装出欢迎的脸色，然后站在这些一脸惊愕的访客面前，高兴地交谈了几句，就轻松地向客人握手道别。

这位讨人喜欢的矮胖好人，长着雪一般的胡须，毫无顾忌地与客人亲切谈心，他真的就是大文豪托尔斯泰吗？

……

虽然人们看到托尔斯泰似乎感到很泄气，但是批评家对他的眼睛却有不同的评价。

幼年时，托尔斯泰曾对这双小而灰色的眼睛厌恶地形容道："在卷起的浓眉森林里，凸出豹般灰色的眼睛。"

高尔基也曾说过："托尔斯泰的眼睛里藏有一百只眼睛。"又说："托尔斯泰具有俄国传统农夫的脸孔，但是由于这双眼睛，使他的脸更具有天才容貌。"他同时还更深入地说："像一只兀鹰从很高的天空，向正在地上奔跑的小老鼠猛扑下来时的锐利眼神；又如强有力的箭一般，能射进坚硬的东西；不但如此，更能鸟瞰世界，一览无遗。”

他对托尔斯泰的眼睛最后的结论是：“具有这种眼睛的人，才能看出真理，世界上一切的知识都属于他；但事实上，拥有它们的人，并不是幸福的。”

如此说来，托尔斯泰除了眼睛之外，其他的都跟一般的农民没有两样了。

俄罗斯文豪高尔基

森林里的向阳草地

在没有母亲的宅子里，替母亲来照顾儿女们的，是远亲塔迦娜。他们称她为伯母，她长得并不高大，但很结实，头发乌黑。

她心地很善良，尤其是对这些无依无靠的人，颇有怜悯心。伯母常替他们换穿衣服，并拥抱托尔斯泰，亲吻他，或替他系裤带。

※中年时的托尔斯泰

除了父母之外，她是托尔斯泰一生当中第三个最重要的人，对他的生活有直接的影响，他是在她的宠爱下长大的。

这位伯母在世期间，他除了在喀山读大学四五年级和入伍四年外，一直没有离开过她。

她不用言语而常以行动来表示出如何才能得到爱的喜悦，由此他学习到爱是一件多么美好的事。

同时，他也体会到自在地过着寂静孤独生活的乐趣。

当然，代替母职的不仅是塔迦娜伯母一个人，还有他父亲的妹妹——姑母亚历山大伯爵夫人与只拉格雅夫人。

姑母住在喀山，所以他们兄弟姊妹就到喀山大学求学，但是那位远亲伯母塔迦娜比起这两位姑母来，似乎更能担负起母亲的职责。

塔迦娜伯母所居住的雅斯拿雅·波里雅拿，位于平原的中央，是一处由白桦树的茂密森林所包围着的美丽丘陵，森林里的核桃树果实累累。位于托拉市南方十五里的雅斯拿雅·波里雅拿，素有“田园森林”之称。

住宅前是三十米宽的基辅公路，在俄国的北方与南方铁路尚未开筑的时代，从莫斯科或圣彼得堡到乌库莱那、克里米亚或高加索的马车，都摇着铃，吹着喇叭经过此

※托尔斯泰故居大门

※托尔斯泰故居附近的小河与树林

地，因此这里可说是交通要道。

这是一幢雄伟的住宅，宅前池塘边长着百年以上的大菩提树，古老的庭院像公园般广阔，周围被沟壑与壁垒所包围，虽然没有军队驻扎，但却俨然像一座城堡。

就在这城堡中，托尔斯泰度过了快乐的幼年时代，而让他们独享这种快乐生活的人，就是慈爱的塔迦娜伯母。

庭院中的玩乐

托尔斯泰兄弟姐妹有许许多多的玩乐方法，例如：捉迷藏、打板球……他们每天都挖空心思地找出一些新的玩意儿来。

其中有两种游戏给他留下深刻的记忆：一种是“绿杖”；另一种叫“蚂蚁的兄弟”，这些都是大哥尼克莱教他们的。

这是托尔斯泰五岁时的事情。遥远的柳树林中传来云雀的叫声，菩提树及白桦树刚发芽，飘来阵阵的幽香，大地笼罩在初夏的气息中。

托尔斯泰从小就一直疑惑，为什么一个人会发生不幸的事？那时大哥十岁，他才五岁。用大人们的眼光来看，孩子们讨论这种事，简直是儿戏。

但是他们仍旧很认真地谈论着，最后大哥总算想出了解决的办法。

“这一大发现又是什么呢？”他如坠入云雾中。

尼克练卡说：“就在绿杖上面刻画着。”

“那绿杖在哪里？”

“在哪里我不太清楚，只知道藏在这后山里。”

大哥告诉他们，那绿杖就是一根魔杖，至于什么样子，藏在何处并不太清楚，可是它的确存在，而且魔杖上还刻着一些魔法文字。大哥说：“读了魔杖上的文字后，你们就会明白。它能告诉你，如何使世界上的人都变得非常幸福，没有争斗、没有怨怒，而且不会生病，人人都过着安乐和谐的

名人名言

哪里没有朴素、善良和真理，哪里也就谈不上有伟大。

——列夫·托尔斯泰

※青草覆盖的托尔斯泰墓

生活。”

“那不是无比的法宝吗?”

“的确是啊!”

十岁的尼克练卡，已经发现人类的幸福有不平等的地方。他在和弟妹们谈论人生问题时，认为一定有可以废除这种不平等的秘密法宝，于是就想到世界上一定有神或者有玩弄魔法的巫师存在。

几天后，他突然想到一件他认为非常伟大的事，于是得意洋洋地向他们说：“咱们到后山找绿杖去!”

他们高兴得不得了：“好，现在就去吧!”

他们一点儿也不怀疑尼克练卡所说的，甚至相信只要能找到绿杖，那么家庭教师卡露鲁·依娃诺比基就能幸福，米米、卡先卡、流浪者格利耶也全都能变成幸福的人了。

于是，兄弟四人跑到后山去，虽然绿杖一直没有找到，但是他们都相信总有一天会找到的，所以大家仍然在后山里不停地跑来跑去寻找——这就是绿杖游戏，一种新的游戏。

另一种游戏叫“蚂蚁的兄弟”，这也是训练人们认识有关人类幸福的一种游戏。

“咱们来玩蚂蚁的兄弟吧!”大哥又翻新花样。

“好!”

兄弟四人决定了之后，就跑回家去，各人搬出自己的凳子，靠拢着摆在院子里，然后再搬出几个大空木箱搭成小小的屋子形状，用布条当作窗帘。

准备好了之后，四个人就进到这间小屋里坐下来，闭上眼睛，安静地挤成一堆，和平相处，假使有一人乱动一下，将会使小屋倒下。

这种游戏，也是具有非凡想象力的尼克练卡所发明的。

在15世纪时，一群有爱、有真理，不断寻求人类幸福的基督徒们，组成了一个小团体。他们为了自己的信仰，为了谋求世界人类的幸福，而忍受着种种的迫害，以保护自己的宗教。他们在一处小丘陵上搭盖了非常简陋的家，很平静地过着日子，世上的人都称他们为“莫拉比亚的兄弟”。

蚂蚁，俄语称之为“莫拉比亚”。

在远处观看的仆人看他们几个弟兄玩这种游戏，便谈论说：“这么古老有名望的托尔斯泰家族，年轻的一辈居然会想到玩这种游戏，真让人想不通！”

对教养较低的仆人们来说，玩这种游戏的确令人觉得无味，而兄弟四人（尤其是尼克莱）却认为这是一种可诱导良知并直接与社会教育产生关联的游戏，并且可培育他们的正确人生观。

他们是一群衣食无虑的大少爷、大小姐，是带领着约七百位佃农的大地主，也是贵族（父亲是伯爵，母亲是侯爵）家庭的子女，家里有仆人数十位，又雇有家庭教师陪着孩子们读书，还有两辆自用的马车，马也养得肥肥壮壮的，保姆又心地善良、和蔼可亲，他们可说是置身于上流幸福家庭中的天之骄子，但他们并不因此而骄纵，他们总认为人类的幸福应该由大家来分享。

他们从头上戴着红绒线编织头巾的家庭教师口中，听到有关那个拿着长拐杖的流浪者格利耶的不幸事件；又从出入他们公馆的佃农嘴里，听到了许多世界各地发生的事情。因为在他们幼小的心灵，早已对人类的不公平产生了共鸣，所以尼克莱更发挥了他的非凡想象力，发明出“绿杖”和“蚂蚁的兄弟”这类的游戏。

托尔斯泰七十岁以后，还常想起小时所玩过的游戏，以及大家亲切地紧贴身体、闭着眼睛、想着蚂蚁兄弟的理想，并为寻找能驱除世界上所有罪恶、给人类幸福的绿杖而奔走的情景。

这种想法，不仅出现在这布条窗帘下凳子上的几个弟兄身上，也将出现在这世界上所有的人家身上。

直到七十三年后，托尔斯泰仍确信真理的存在，而且相信真理将被揭露，而带给全人类幸福。

全家迁到莫斯科

八岁时，托尔斯泰全家移居到莫斯科。这并不表示他们放弃了雅斯拿雅·波里雅拿，而且他们的家确实仍然在那里，到了夏天他们也会回去度假。

雅斯拿雅·波里雅拿没有中小学，所以他们请了家庭教师。

由于哥哥们快要进大学了，所以父亲认为搬到莫斯科对孩子们的教育比较好。这可以说是生活在莫斯科的姑母亚历山大伯爵夫人建议的，况且父亲的事业也愈来愈忙碌了。

※ 莫斯科街头

当托尔斯泰听到要移居莫斯科时，不禁兴奋得拍手叫好，但这并不表示他们厌烦了雅斯拿雅·波里雅拿；相反，他们非常怀念和喜爱它。

因为莫斯科是一个大都市，它有很多托尔斯泰从没见过的新奇事物，所以一听到莫斯科，托尔斯泰就羡慕起来。

不管怎么说，莫斯科总比雅斯拿雅·波里雅拿的城市规模庞大，当然，快乐的事也会随之增多。

托尔斯泰不断想象着各种新奇的事物，但这些都不过是属于小孩子天真烂漫的幻想，甚至可说是一种关于都市的快乐幻想。

并不是因为托尔斯泰是一个富家宝贝，才会充满这种快乐的幻想。贫穷人家的孩子，也应有他幻想未来快乐的权利，而且愈是贫穷的人愈会幻想更幸福的未来。

小孩子对未来的期望总是纯真的，兄弟中满心欢喜的并不只是他一个人。

尼克莱他们就快要进大学了，他们对未来的幻想可以说比托尔斯泰还多。

让他们开心的幸福，是不是已在莫斯科等着他们？

然而，事实并非如此单纯，反而让他们泄气极了。

在那里等着他们的是一个冷酷的世界。托尔斯泰在《少年时代》一书中曾描述了那天搬家时的情形：

……住宅的大门前停着两辆马车，其中一辆有车厢，坐着米米、卡千卡、留伯基卡以及佣人，管家亚克夫则坐在驾驶台上；另一辆无盖的马车上坐着我和普鲁加，另外还有最近由市镇回乡的仆人瓦西里。

爸爸要比我们晚三天才能去莫斯科，当我们准备要出发时，父亲没有戴帽子，站在楼梯口，在胸前画着十字。这是为马车上的人做祷告，然后对我们说："旅途愉快！"

管家亚克夫与驾驶者都摘了帽，画着十字做祷告："留在家里的人多保重！"

这是1836年的秋天。

用来玩"绿杖"和"蚂蚁的兄弟"游戏的雅斯拿雅·波里雅拿的森林和丘陵，要等待明年夏天才能相见了。

嘎嘎的马车声及叮叮的铃声，一路响个不停，托尔斯泰从车沿探出头来向爸爸挥手。

"暂时告别了！"他向森林及山丘叫喊着。

托尔斯泰塑像

虽然没有爸爸同行，但哥哥妹妹都在一起，所以并不感到寂寞，甚至他的心反而兴奋得噗噗地跳。

到了莫斯科首先要看什么呢?托尔斯泰心里盘算着。

这一次旅程中，托尔斯泰有了大发现，那就是世界上充满了和托尔斯泰家没有关系的人们。

在他八岁以前，一直都不了解世界上的很多事，而且也只在雅斯拿雅·波里雅拿的宅子里以及附近活动。这附近所住的都是和托尔斯泰家族有关系的人，有六七百位托尔斯泰家的佃农，十几位托尔斯泰家雇用的男女佣人。总之，这里的人都是依附着托尔斯泰家而生活的，他就是在这种环境中长大的。

但是到莫斯科后，他才发现了许多和托尔斯泰家无关的人，在《少年时代》一书中他写道：

各位读者，你们是否也在人生的某一时期中，改变了你的世界观?过去常见的事物，突然改观了，而出现了崭新的一面。这种感觉上的变化，曾在一次旅行中激醒了我，日后我把它视为少年时代的开端。

这一大发现可说是托尔斯泰人生的另一起点，他的世界观也因此完全改变了。

走出了旧宅坐上马车后，托尔斯泰已经不再是幼儿。确实如此!在雅斯拿雅·波里雅拿被保姆拥抱在怀里的托尔斯泰，现在正如春蚕般地蜕变。

住在这个世界上的不只是他们而已，也就是说，不仅是托尔斯泰一家人。

当然，懵懂的托尔斯泰也曾想过这问题，但是出来旅行后才真正地证实。如此一来，他就不得不想一想这另外的世界了。

马车朝着莫斯科方向前进，经过许多乡村、市镇，他看到人们在路边慢步而行，有朝圣的女信徒，有被双亲带着出来的小孩，有边走边玩的幼童，形形色色真是热闹万分。

可是当托尔斯泰家的马车经过时，他们都是一副漠然的表情，托尔斯泰挥挥手向他们打招呼，很多人根本不理不睬，不过也有的微笑着向他们挥手，可是很快又不再理他了，他们全都是陌生的人。

经过了四天的旅程，他们的马车终于到了莫斯科。

在这四天中，他一直观察着人们的举止，他们都过着和托尔斯泰家不同的生活，有的甚至没有一点共同之处。

有一天发生了一件事。当马车正前行的时候，忽然一声雷鸣，电光闪闪，接着隆隆之声不绝于耳，这时天色变得十分昏暗。

当马车行到桥中央时，马车上横梁突然松脱了，于是马车夫急忙将车刹住并下车修理。

这时从桥下闪出一个穿着褴褛衣服的乞丐，状如臃肿的怪人，光着头，跛着脚，一只缺少一根手指的手，忽然伸进马车里来，发出怪异而凄凉的声音说："老板，请赏赐一点东西给我这可怜的残废人吧！"托尔斯泰一看到他立刻就战栗起来，这乞丐口中不停地喃喃哀求，且深深地鞠躬，并作十字祷告。

他们在这段行程中，也常常碰见这类可怜的人，而且也都给了他

公园中的托尔斯泰像

们一些东西。

但是这次因为忙着修理马车，车夫和瓦西里都无暇理会这个乞丐。

马车终于修好了，车夫于是也跳上了车，忽然间出现了一次耀眼的闪电，马惊吓得直立起来，这时间，天空又传来一阵震耳的雷声，风也猛刮起来，疾风之后，接着是一阵倾盆大雨。

马车在大雨中疾驶着，乞丐也淋着大雨不停地追赶着，瓦西里赶快抛了一枚铜板给他。

车子继续往前奔驰，那乞丐的影子也就逐渐在视线里消失了。

托尔斯泰坐在奔驰的马车上，偷偷地在胸前画十字为这乞丐祷告。

对他来说，未曾见识过的新鲜事很多，这趟旅程使他的视野愈来愈宽广了。

到了莫斯科之后，当第一眼见到将要照顾他们的姑母亚历山大伯爵夫人时，他又一次地震惊了。她完全和他想象中的不同，这位姑母竟然骨瘦如柴，真使他失望。

第三天到达的爸爸也好像变成另一个人似的。向来和蔼可亲的爸爸到了莫斯科就好像不如从前那么关心他们了。他总是穿着黑色礼服外出，有时一整天都看不到人影，他这时真怀念农场上的爸爸。

托尔斯泰在来到莫斯科以前，曾怀着满腔希望，但到了莫斯科的第二天就开始感到很迷惘。首先，托尔斯泰发现邻近的人都互不打招呼。

此时，他们都感到没有任何商店的雅斯拿雅·波里雅拿小乡村，倒比这热闹拥挤的莫斯科大都市更富有人情味。

雅斯拿雅·波里雅拿村庄的人们都充满着热情，而莫斯科却是一个冷漠嘈杂的都市，当然，他们在生活以及观感上的变化还并不仅于此!此时，他们已感到寂寞，不过还好，渐渐地也就能适应了。

第二年夏天，发生了一件令人非常哀伤的事，那就是到托拉市去办事的父亲，突然脑中风而倒毙在路旁。

1830年，托尔斯泰一岁八个月的时候失去了亲爱的母亲，现在才八岁又失去了父亲，而成为一个不幸的孤儿。

从此以后，托尔斯泰的情绪变得很恍惚，常觉得好像有一股热风吹进他的脑袋里，使头脑迷迷蒙蒙如同隔着一层薄雾。

真是祸不单行，不幸的事接二连三地降临托尔斯泰家。第二年祖母也逝世了，而在莫斯科的保姆第二年也在奥布基那修道院去世。

经历了多次的不幸，托尔斯泰脑子里已经变得一片空白，好似荒漠一般。

——现在他才知道人生是痛苦的！

他深深地叹息着，而灵魂完全被失望染成了灰色。

日后他回忆起这段日子，常以“少年时代的沙漠”来形容当时那种悲伤的心境。

托尔斯泰不知从何时开始失去了笑容。

他以后虽也曾多次在莫斯科居住，但是幼年在莫斯科的那段生活，已使他养成了单独沉思的习惯。

1838年秋天到1841年，对托尔斯泰这个十二三岁的少年来说，是一段难以忘怀的日子。父亲、祖母以及保姆的死，使他懂得“人都会死”的可怕。

此后的一生中，托尔斯泰经常想到“死”的问题，而这种思想也就是从那时开始的。

与其说培了成思考的习惯，倒不如说造成了恐惧事物的习惯。

当父亲死时，他茫然不知所措。他开始颤抖着认为世界上一定有魔鬼，他们必定要向魔鬼挑战，绝不能输给它；必定要把魔鬼彻底消灭，将神道建立起来。

这虽是小孩子的幼稚想法，但是却成了托尔斯泰一生的思想精髓。

※著名的莫斯科红场

喀山大学时代

父亲逝世后，照顾他们的贝拉格雅姑母因为住在喀山市，所以在托尔斯泰十三岁那年（1841年），他们便从莫斯科搬往喀山市去。

他们在这座城市住了约五年，哥哥们都很顺利地进入了喀山大学。

1842年到1844年间，托尔斯泰准备考喀山大学，可是失败了。为何失败呢？这里有份当年的成绩单，看了就会明白。

※托尔斯泰作品中文版

（以五分为满分）

神学　四分

世界史与俄国史　一分

统计学与地理　一分

数学　四分

俄国古代文学　四分

拉丁语　二分

法语　五分

德语　五分

阿拉伯语　五分

托尔基鞑靼语　五分

英语　四分

1843年春天首次入学考试失败，次年又去补考那几门不及格的科目，可是又失败了。当年的8月，托尔斯泰终于获准进入东方语言系就读。

但是他懒得上学，时常逃课，升级考试又不及格，只好转到法律系，从一年级重新开始。

托尔斯泰并不是不用功，而是因为他念的文学书比别人多，尤其是卢梭（1712—1788）的著作，如《新的海路线》《社会契约论》《爱弥儿》《告白》等，他都全部涉猎过。卢梭是位多产作家，甚至连音乐辞典都写，当然托尔斯泰也读过。他还一口气读完卢梭全集二十卷，还将他的肖像当作胸饰挂在脖子上去上学。由此可知，托尔斯泰对卢梭的崇拜到了何种程度。

挂在胸前的卢梭肖像，对他的影响极大，在托尔斯泰一生中，卢梭总是活在心里。

当然，大学入学考试与大学里的平常测验都很让托尔斯泰忧心，但他仍狂热地读那些文学书籍，并且也无法忘记卢梭。

他的家庭教师巴富伦斯基曾评价他们弟兄说：“西尔涅有用功学习的意志，而且成绩不错；德米特列虽然也用功，但是成绩不太好（这是不对的）；至于托尔斯泰则既不用功，成绩又不好。”

有关学校的课业，托尔斯泰确实是如巴富伦斯基所说的，但是巴富伦斯基并不了解他的心理，托尔斯泰也不想得到他的了解。

不了解托尔斯泰的不只是家庭教师，连大学的教授们也一样。

他们常以学校的课业逼迫托尔斯泰，所以他也经常像在家跟家庭教师挑衅那样和大学教授争论。

他并不是想多争得一些分数，而是想反抗，这样一来，连他最好的科目也弄得不及格了。他对这种精神上的束缚感到很困扰，从《少年时代》一书中可以想象得出他当时的处境和心境。

当时他正是血气方刚的年龄，和世界上的多数青年一样，喜欢玩乐的生活。

并非他对家庭教师及大学教授的劝导漠不关心，而是心中存着那股热情，这可由他对卢梭那种狂热挚爱的情形看得出来。

在喀山大学时代，托尔斯泰心中满怀着深刻的悲伤与绝望，这都是由莫斯科带来的。

幼小时，托尔斯泰虽然很爱哭，但却很开朗；从莫斯科到喀山大学这段时间，他却变得精神恍惚，对一切好像都失去信心，头脑如同沙漠般地毫无生机。不仅如此，凡读过他的《少年时代》或《青年时代》的读者就会明了，他

※基督教堂

是因为将要转变为一个成人而痛苦烦恼着。

托尔斯泰曾跑到基督教会去忏悔，但第二天却又突然否定了基督。托尔斯泰的心情就是如此地挣扎起伏不定。

正当托尔斯泰烦恼时，大哥尼克莱以优异的成绩毕业于喀山大学，要先回到故乡雅斯拿雅·波里雅拿去了。

听到他要回乡的消息时，托尔斯泰也想回故乡，因此向大哥说：“我也要回去。”

尼克莱吓了一跳说：“你的大学课业还没有完成呀，为什么要回去？”

托尔斯泰毫不犹豫地告诉他：“我对学校已没有兴趣，我要休学。”

“休学做什么？”

“我要回雅斯拿雅·波里雅拿重新学习人生。”

哥哥知道托尔斯泰比别的人更加烦恼，所以也认为他休学回

故乡或许可以早点度过少年时代的沙漠期，而重新对人生产生希望。

于是哥哥说：“现在对你而言，最好的治疗方法，就是赶快去接触故乡清爽的空气。”

“对，我要回故乡，把卢梭全集重新再读一遍。”

“那也好。”尼克莱赞成了托尔斯泰回故乡的提议，因此西尔涅与德米特列也都没有反对。他们都认为与其一直被留级或常因与教授吵嘴而被处罚，倒不如让他回家更能解决问题。

决定要回故乡后，他就立刻向校方提出休学申请。如此一来他的心情就开朗起来了。

“好吧，我要开始过我的新人生了。”

他在日记上写道：

1.一旦决定要去做的事情，不管有多困难都要去实行。

2.一旦实行就必定贯彻到底把它完成。

3.忘记的事情绝不再翻开书本去查，要自己努力想出来。

4.经常用智慧发掘出自己的力量。

5.经常发出声音来读，经常用脑子去思考。

6.不要羞于坦白向妨碍自己工作的人说“你打扰了我的工作”。

从大学中途休学回故乡，主要是因为想改变一下自己的生活环境，但是这种变化并不能全靠外在环境来影响，而是要从精神方面着手。

托尔斯泰是个精神主义至上者，因此，那时托尔斯泰已深深警觉到精神的重要了。

※卢梭

乡村地主之晨

从喀山大学休学回到了雅斯拿雅·波里雅拿后的心情，托尔斯泰在《地主之晨》一书中有详细的描述。

亲爱的姑母：我已作了对我生命深具影响的一次大决定。我要在田园里实行我的新理想，我想我是天生适合于田园的。

姑母，请您不要见笑，您常说我还年轻，当然在您看来我还是小孩子；但是，姑母，没有人能阻碍我对使命的自觉，也不希望有人阻

※托尔斯泰《战争与和平》中文版

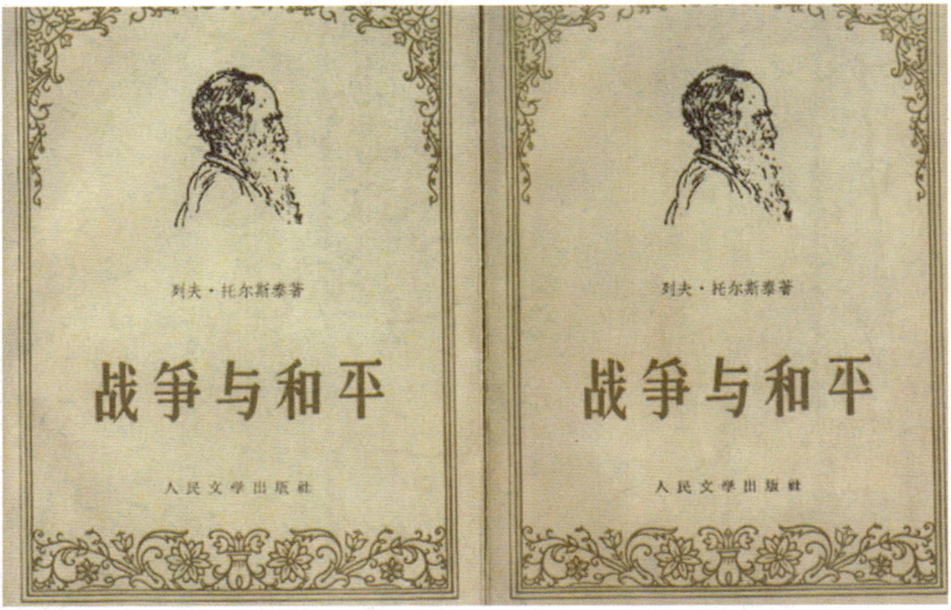

碍我行善和爱善的希望。

上封信已向您谈过，我们的雅斯拿雅·波里雅拿农场已经荒废太久，经过详细观察，原因是农民太贫穷了。我们必须付出更多的勤劳和忍耐，才能将这荒芜的农场重新整顿起来。

姑母，如果您看到我们家的两个佃农达此得和伊凡家的生活情形，您就会知道我的结论没有错。至于这两家人的不幸从何而来，不用等我向您说明，您也必定会明白。

我希望能将七百位佃农们都变为神所爱的人。

我们为了自己的名誉与快乐，准备将工作交给佃农或管理人自由去处理，这是不是一种罪恶呢？

这种高贵而伟大的工作就在我们眼前，我们又何必舍近求远地盲目追求其他的呢？

我确信我能够完成这些责任，而成为一个受人敬佩的地主。况且，要成为一个受人敬爱的地主，并不需要像姑母您所期望的那些学士头衔啊。

我之所以中途休学，其理由就在此。姑母，请不必为我多作立身处世的计划，我的工作已经决定了，我只想成为一个农场的好地主。

我认为这种决心是伟大的。姑母，请您了解我的心情，我所选择的一定会使自己步上幸福之途。

我对自己的未来考虑了很久，而且鼓足了勇气施行，我相信一定会成功的。

我计划好了理想与工作方针，于是和哥哥一起回到雅斯拿雅·波里雅拿。

尼克莱大哥颇为赞同我的看法，他虽身为长子，但从未有要长住农场的意愿，他的希望是能在其他方面求发展。

他在故乡休息了一个星期后，就步了父亲的后尘——志愿当军人，加入了高加索炮兵队。当时许多国家的贵族子弟都自愿去从军，他们也相信走这条路是对的，而且这也是一种极好的人生教育。

尼克莱也一样，高高兴兴地向高加索出发。

姑母很希望托尔斯泰当外交官，虽然托尔斯泰有一段时期也如此打算，但是现在却不同了，托尔斯泰希望回故乡当一个受人敬爱的地主。

显然，姑母仍未放弃她的心

※托尔斯泰半身铜像

愿。她的回信终于到了，内容大致如下：

你说你认为过田园生活是你的天职，然而真要使一个人能够了解到自己的天职的意义，是必须要经过一两次的失败后才能领悟的。

你说要使农奴和佃农们都得到幸福，可是要使自己幸福容易，要使别人幸福却不是件简单的事。

你说要成为一个受人敬爱的地主，这除非是冷酷的人才能做到，否则将不易成功。你太优柔了，可能永远无法成为一个受人敬爱的地主。

了解世界人类痛苦辛酸的姑母，以这些话劝导托尔斯泰。

但是托尔斯泰还是认为自己不适合当外交官，只适合当地主。

不管怎样，一旦下了决心，就要做到底，一直到失败为止，当然最好不要失败，所以必须要小心翼翼地去做。

姑母在信内最后一段说：

……看你天真的个性、高远的计划以及详细的检讨，我愈来愈喜欢你了。请你尽最大的努力吧！只是我要说，我仍旧不赞成你这次的计划。

托尔斯泰立刻回信给她："我要努力以赴，请您看看我的表现吧，我一定会成功的。"

托尔斯泰一边把信封好，一边想着精明能干的姑母有时也会看错事情吧。

于是托尔斯泰马上回到村里，为了要当伟大的地主而开始奋斗。他要建设一个理想的农庄，于是就为自己制订了一些对内和对外的规则。

对内规则：

1.研究大学的法律学。

2.研究部分的医学。

3.研究法语、俄语、德语、英语、意大利语以及拉丁语。

4.从理论与实践两方面去研究

农村情形。

5.研究历史、地理及统计学。

6.研究数学（中学课程）。

7.写学士论文。

8.练习音乐与绘画。

9.自订日课表且经常严格遵守。

10.研究自然科学。

11.将研究过的学科记录下来。

对外规则：

1.农村合作社每星期日晚上集会，把决议交给某些人，并给予一些协助。

2.星期一与各请愿人、农奴以及一般佃农举行座谈，且巡视领土内贫穷农人们的工作与生活情形，检讨农村合作社所订的互助标准等是否妥当。

托尔斯泰虽然从喀山大学休学，但这并非他不喜欢学问，而是他厌烦那大学的气氛。所以回到农庄后，托尔斯泰一边改造农村，一边仍用功读书充实自己。

那时，托尔斯泰在日记上记载着：“人类必须要活动，至于要如何活动、如何自由自在地活动，则是由哲学来决定。哲学是人生的科学，我们必须以科学为基础而活动。”

※托尔斯泰作品

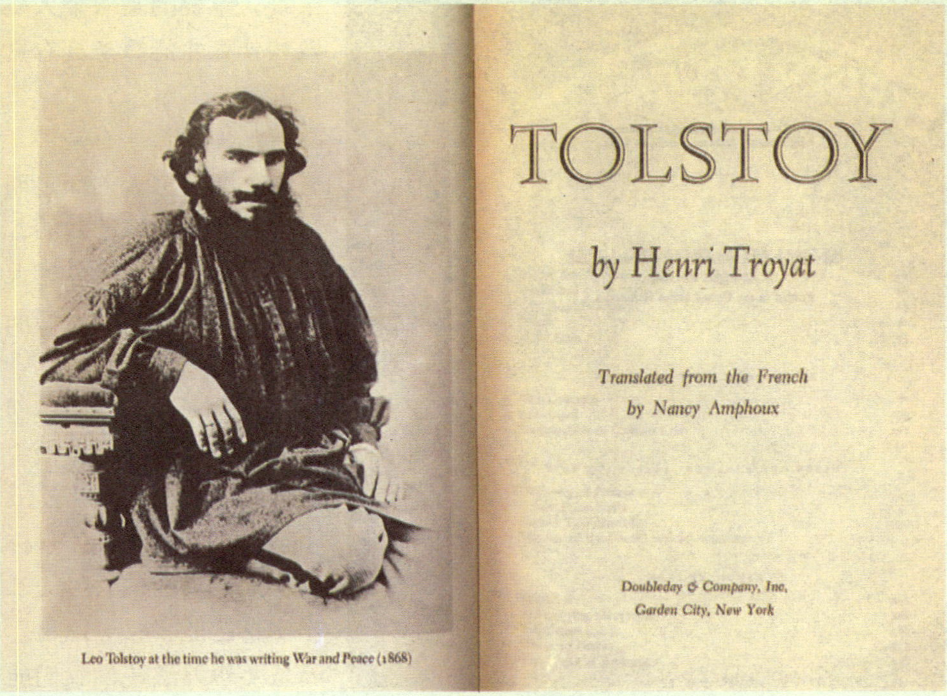

建设理想农庄的破灭

托尔斯泰是否能成为一个受人敬爱的地主？他抱着极大的希望回到故乡，但却失败了。

工作忙碌的人有时会说：“喔，这么忙碌，我需要一点休闲的时间钓钓鱼！”

当然，人要工作才有快乐，这才是正常的现象。

在《一日一善》那本书中，托尔斯泰写道：“如同被绑在车上的马一样，人也不得不做一些事情。所以，工作的真实价值就和人需要呼吸一样地宝贵，重要的是一个人要做些什么才能算是具有真实价值的工作。”

※托尔斯泰纪念币

工作的目的有两种，有的人为了当天的面包而工作，这是直接的目的；有的人却是为了比较远大的目的，也就是为理想而工作。

托尔斯泰从喀山市回来，是想成为一个好地主而工作，因此属于后者。

托尔斯泰的工作目标并不是要鼓励佃农努力工作使自己能多收点田租，而是要想办法让佃农们能

过得幸福。但是他做得并不太好，由于他的希望及理想都离现实太远，因此，他的热心也就变得徒劳无功。

年老的保姆告诉托尔斯泰："农夫们都说你年纪轻轻知道的太少。他们讥笑你，叫你不要深入农间。"

托尔斯泰听到这话吓了一跳，托着头呆想。

他终于想出来了。

经过一番苦思后，托尔斯泰发明了新的脱谷机，得意洋洋地搬到农人那里，但经过试转后，发现除了轰轰的声音外，一点用处都没有。

有人便笑道："主人的头脑虽然很聪明，但这对于农事则毫无用处！"

他也不好意思地笑起来。农人的批评对他而言倒是一种教训。

"要经过失败才会知道天职"，姑母的话意义深远，现在托尔斯泰才开始反省自己。他忽然想起了一位贫穷农家中瘦弱而经常生病的老婆婆。

这位老婆婆住在一间简陋得几乎连天花板都要掉下来的房子里，衣衫褴褛地躺在床上，肮脏而快倒塌的墙上，挂着几件破烂得不能再穿的衣服，蟑螂在床边爬来爬去，房里飘着一股令人作呕的恶臭。老婆婆像一只疲惫不堪的瘦山羊般躺着，家里其他的人都到外边工作去了，她还要勉强支撑起身子起来洗衣服。家中幼小的孙儿很多，她还得费心去照顾他们。

这一天托尔斯泰去拜访这位老婆婆，并告诉她："你应该静静地躺下来休息休息，否则你的病是不会好的。"

他的目的是要安慰老婆婆，所以才如此说，可是老婆婆却愤怒地看着他，慢吞吞地回答道："因为你是我们的地主，所以我才不生气，请你说话要客气一点。"

托尔斯泰吓了一跳，连忙说："老婆婆，我并不是在嘲笑你，您不是有病吗？我的意思是请您多保重啊。"

老婆婆眨眨眼睛，好像哭诉似的说："如果我也有你这种身份，那就能够躺下来休息了。"

"不管是什么身份，老婆婆，您得安心养病呀。"

老婆婆翻了翻白眼说："我有六个孙子，最大的只有七岁，我怎能放心睡得着呢？你要我安静地躺下来，唉，你真太不懂事了！"

托尔斯泰又吓了一跳："真是残酷啊，身体不舒服的病人还要照顾六个孙子，这无疑是残害人命！"他用很大的声音说出来，似乎在埋

※托尔斯泰墓碑

怨她儿子的不孝。

老婆婆很愤怒地说："什么残害人命？讲话要小心！因为我们太穷了，这是没有办法的事，所以说，我们的身份和你不同。"

"是吗？但您还是要静静地养病，这样身体才会很快地恢复；如果太勉强的话，反而更会使病情恶化。"

"我说我没有这种福气，你还不懂吗？"

托尔斯泰因为担忧老婆婆的身体而安慰她，可是，她不但没有感谢他，反而指责起他来。

于是，托尔斯泰说："怎么样？您愿不愿意到疗养院去？疗养院的医疗和药物都是免费的，那里收容了许多像您这样不幸的人。"

老婆婆听了托尔斯泰的话非常不高兴，脸上露出了愤怒的表情。如果他不是地主的话，她一定会抓起手边的东西向他扔过来。

"请你回去吧。"

托尔斯泰摇摇头说："我是可怜您的生活，所以才劝告您，请您不要误会。"

老婆婆用双手掩着脸："少爷，请你不要再这么说，你如果再叫我去疗养院，我今晚就去自杀！"

这纯粹是年老而困苦之人的一种自卑感，老婆婆一直把托尔斯泰的爱心误认为相反的用意了。

“自杀?那才是开天大的玩笑。好啦，请您好好养病吧。”他仍不终止自己的好意劝导。

“叫我去疗养院，你真是要活活地把我气死吗?我家的人一定会认为我是个无用的老人，你是不是希望我快点死?连少爷都说这种话，那我现在就死给你看。”

老婆婆对他颤抖着怒目相向，这种表情真不像是这个世界上所应有的，似乎是突然从另外一个世界突现出来的，托尔斯泰恐惧得不知所措。

“老婆婆，请您不要误会，我并没有说要您赶快死，我只是希望您能赶快把病养好。”

老婆婆已经不愿再听他的话了，把拳头伸向他这边来，接着就口吐白沫地倒在地上。

这时正好这家男主人回来了，站在托尔斯泰的背后听他们谈话，见到这种情形，赶快抱起老婆婆进入房里。托尔斯泰忍不住跑了出来，可是这位农人从后面喊着追上来。

“滚开!你是个魔鬼，伯爵少爷哪里会知道农人的事?恶魔，讨厌的恶魔!”

这种意外的事件他已碰到了很多次，他在《人生之路》一书中写道：“一个人是否能清楚地认识人生，是在于他能否以平民的语言与平民沟通。”

托尔斯泰本来是要安慰这位瘦弱生病的老婆婆，当然也是很同情她，但绝没有希望她早死。

可是老婆婆却把托尔斯泰当作仇人般地怒目相向，这真是个天大的误会。托尔斯泰为什么会被人误会呢?也许并没有其他原因，只是因为托尔斯泰无法用农人的语言来表达自己的心声罢了。

托尔斯泰虽然以仁慈、诚恳的友情对待农民，但是他们的语言却无法相互沟通。

他们对托尔斯泰有着很大的偏见，因为他是贵族，而且当时他仍以贵族的身份向农民说话，虽然他

※19岁时的托尔斯泰画像

创作中的托尔斯泰

丝毫没有这种意思，但是他们对贵族的偏见，却是从他们的祖先开始就一代代传下来了。

如果托尔斯泰要跟农民相处得好，就必须先消除他们的成见。可是十九岁的托尔斯泰，是无法做到这一点的。所以，他这种希望成为一个被人敬爱的好地主的想法，完全破灭了。

托尔斯泰的理想和农民的现实生活，有着很大的差距（这一点他在当时却无法了解）。他变得很忧郁，甚至一连几天连饭都吃不下。

他只是茫茫然地望着远方，深思着："自从我离开喀山回到此地后，农奴和佃农们有没有比以前更幸福呢?精神与物质上，有没有获得改善呢?"

当初托尔斯泰从喀山回来时，内心有着一股从沙漠中挣脱出来而自由自在地驰骋于白桦林中的感觉。

他心中不断地呐喊着："我一定要使每个同胞迈向光明，如果再让他们继续沉沦于黑暗，那将会毁灭。"

福音中不是如此写着吗——人所以爱黑暗胜于光明，是因为他作恶的关系；凡是作恶的人都憎恨光明，不喜欢明亮的地方，这是因为他的内疚所致——这的确是一句名言，一点也不错，我们应该向光明迈进！

托尔斯泰愿意重新再来。他之所以回故乡，并不是想卖弄他的地主权力，而是想为领地内的农民们效劳，使他们能够得到幸福。如此一想，他年轻的心又像嫩叶上的水珠一般，在曙光下闪闪发光了。

“我们应该在光明中向前迈进，无论是我或农人们。”

回来才不到一年时间，托尔斯泰就开始自问到底为农人们做了些什么，因而常感闷闷不乐。

托尔斯泰回到村中后，心里老是想着许许多多的问题。

鸟儿到处飞翔，累了就可任意栖息于窝巢中，它们是多么地快乐！山羊、兔子和狼可以在原野或山林间找寻它们的美食，捕捉更小的动物，它们不也是每天过着勤劳快乐的日子吗？

可是人类呢？人类也得像鸟儿、山羊、兔子或狼一样，必须寻找食物抚养家人，可是如果像动物那样随意依照自己的生活方式去生活，那最后一定会自取灭亡。

人类活在世上不能仅仅为自己，必须也为大众而活。也只有人人过着正当的生活，并且要为大众而生活，这样的人生才会幸福，这是托尔斯泰心中坚定的信念。

可是这一年中，他却感到周围逐渐黑暗起来，于是他内心不断地祈求光明。

十九岁的托尔斯泰，总觉得这种社会形态，有着很大的矛盾，但他并没有想到这种矛盾仅靠他个人的力量是无法解决的。

与托尔斯泰结交多年，并引导他步入文学家行列的屠格涅夫曾说过：“农奴制度一天不废除，地主与佃农就永远无法互相了解、接近。”

当时托尔斯泰却浅陋得无法了解这些道理。

屠格涅夫

首次办学夭折

托尔斯泰想把雅斯拿雅·波里雅拿的农庄变成一座理想的村庄、神圣的村庄。可是他这个愿望却无法获得神的帮助，他一再地失败，但也一再地努力。

他心中默祷着："神啊，赐给我光明，我将努力不懈地去做，希望将努力扩展到小孩身上，而不仅仅限于大人。"

孩子们肩负着未来，在下一代里，他们将能够把雅斯拿斯·波里雅拿建设成为一个理想的乐园。若是想将这个农庄变为神圣的地方，就必须先考虑把这里的孩子们好好抚养教育成人。说得更清楚些，托尔斯泰认为目前大人已经是无药可救了，于

※托尔斯泰庄园一角

是他想到为孩子们建一所学校。

当时雅斯拿雅·波里雅拿还没有小学，因此农人子弟们就是想上学也没有机会，而他们的父母又从来没上过学，不认识字，所以无法教育小孩子读书。

教会的神父虽然识字，偶尔有人也向他们请教，但并不是每个人都有机会去接受教导。

农人的子弟们，因为没有学校可上，所以不是在家里照顾弟妹，就是牧马放牛或帮助父母亲工作；也有许多年纪还小的孩子，竟然学起大人的模样抽起烟来，无聊时就互相打架。每当托尔斯泰看到这些情形时，就对自己说："这样不行呀！小孩子们不好好地读书，长大之后就无法成为有用的人。"

1848年，当时托尔斯泰才二十岁，便下定决心想替孩子们建一所学校。

托尔斯泰召集了农人的子弟们，让他们参观他房中的书柜。

"你们看看，有很多书是不是？这些书我都读过，一个人必须读书才能成为有用的人，大家若想成为有用的人就必须读书。"

听到托尔斯泰的话后，小孩们的眼中都流露出企盼的目光，他知道他们都很想读书。

"少爷是不是愿意教我们认字？"

"不仅教你们认字，我还要讲许多有趣的故事给你们听。"

"哇，太好了！"

当他们继续交谈下去时，托尔斯泰的一颗心已跃跃欲试。

他认为凡是人类，不论是贵族还是平民都应该是平等的。如果只有贵族子弟才能受教育，而农人子弟则连受教育的机会都没有，那是非常不合理的。

当托尔斯泰和孩子们谈话时，也发觉到在这些农人子弟当中，可能有些是无法接受教育的蠢材，但是如果因此以偏概全地认为所有农人子弟都不堪造就，那就大错特错了。有许多农人子弟甚至比贵族子弟还要聪慧灵巧，他们学起东西来进步得更快，如果将他们的天分埋没，那可说是对神不忠实。

于是第二天托尔斯泰就在家中设了一所小学。

可是，这所学校的前途又暗淡了。

两三天之后，孩子们的父亲来了。

"少爷，希望您不要把孩子们教坏了。"

听到这句话，托尔斯泰非常惊讶，不禁问道："什么叫作教坏？"

"因为少爷教孩子们读书，所

※托尔斯泰博物馆

以这些小鬼就变得神气起来。"

"小孩读书是好事啊，难道你不希望自己的孩子成为有用的人吗?"

"就算希望又能怎么样呢?农奴的儿子只有当农奴的份，书读得再多也不可能像少爷一样，坐着马车到处去游玩呀。"

"这可说不定。"

"不，我们清楚得很，农奴就是农奴，小佃农就是小佃农，即使天翻地覆也无法成为像少爷一样的贵族，这可从我们世世代代都过着痛苦的农奴生活得到证明。"

这位原本皱纹满面的父亲说完后，脸上的皱纹显得更深更多了。

"可是孩子们读书有什么不对?"托尔斯泰不厌其烦地劝他。

"贫苦人的子弟还是去割草、放牛、喂马比较适合他的身份。"

"割草、放牛是对的，喂马也是对的，但是可以一面工作，一面读书呀。"

"这可不行，因为读了书的人就变得神气起来，他就不愿再去割草、放牛、喂马了。"

不仅农人这样说，连政府的官员也认为不能让农人接受教育，否则将会神气起来。他们是担心农人们懂得道理之后，会不听政府的话。

托尔斯泰极端反对这种论调，他认为农人之所以贫穷，完全是因为没有受教育的关系，他们应该接受教育来改善生活环境，而且有了知识还可以提高农人们的生活水准，他之所以要办学校，其目的也就在此，一定得把小孩子培养成有用之人，不然他们就永远不会有幸福。

目前这些农人们不仅没有学问，也不想改善自己的生活，甚至于还不让小孩子们受教育，这样下去，农人不是永远要过着穷苦的生活了吗？

这可能是因为农人们世世代代都过着被欺压的日子，已经麻木得没有站起来的力气了，所以他们才会对小孩说：“农人的孩子就要像农人的孩子。”

他们的立场虽然和政府官吏不同，但所说的话却是完全一样，每当托尔斯泰听到这种话，心里就很难过。

在托尔斯泰开始创办学校时，原以为不仅会受到孩子们的欢迎，更会受到父母亲的支持，然而事实却正好相反，他听到的是许多的埋怨。

托尔斯泰对这位父亲再三说明读书的重要性，然后送他回去。虽然如此，这位满脸皱纹的父亲却始终没有露出笑容。

“少爷还年轻，而且非常富有，所以不了解我们的情况。”这位父亲口中念念有词地走出门去。

看来不赞成孩子读书的父亲好像不只这一位，最好的证明是来学校上课的子弟，一天比一天少，最后连一个也没有了。

当托尔斯泰去劝孩子们时，大家都对他说：“老师，如果我不去牧马，就会挨骂。”

最后托尔斯泰的学校也不得不关门大吉了。

于是，他开始反省，这次办学校之所以失败，可以说是方法不对，他必须办一所合乎农人子弟环境的学校才行，但他所办的小学，却是适合自由自在的贵族子弟的学校，因此他失败了。

托尔斯泰当然知道，要是能够办一所对农人有用的小学，则会有助于农人将来的幸福。这次托尔斯泰虽然失败了，但却没有后悔，他知道自己的办法有待进一步的研究和改善。

托尔斯泰在《人生之路》一书中曾写道：“小孩子比大人更为聪明，但他们并不了解人类会存在着身份的差异，因为他们的灵魂最纯

※现代的俄罗斯农村

洁。”这是他从这次创办学校的过程中，领悟出来的道理。

虽然托尔斯泰遭到孩子们父亲的反对，学校不得不关门，但是他知道孩子们并没有变成他的敌人，他们不来学校并不是反对他的做法。最好的证明是每当托尔斯泰外出游玩，小孩们总会用一脸的微笑迎接他，这种笑容和没有上学以前的笑容完全不同，是一种有亲切感的笑容，他从孩子们的笑脸上发现他的心血没有白费。

人类的地位和身份并不是与生俱来的，人类的价值也不是以地位和身份来决定的。

农人虽然对托尔斯泰说：“像你们这种有钱的贵族懂得什么？”但是小孩子却是天真的，他们能感觉到他的理想，他们并没有以身份和地位来取决一切，这点让托尔斯泰感到十分地欣慰。学校虽然关闭了，但他认为孩子们一定会永远站在他这一边。

托尔斯泰想，当人们因为憎恶而互相争执时，小孩子往往不明白到底哪一方是对的，他们心中一定会谴责双方，并悲伤地离开，因为小孩们比争执的双方更单纯。

雅斯拿雅·波里雅拿的那群小孩们就是这样。

为农民创办的学校

上午八点，雅斯拿雅·波里雅拿的托尔斯泰学校传出了响亮的钟声。

哨—哨—哨

哨—哨—哨

钟声响了约半个小时，在东方初阳斜照的晨光中，那边丘陵上慢慢才出现了三三两两或单独的学童。

这些学童们都没有带书本，也没有背书包，他们的书和文具全部放在教室书桌抽屉里。他们全空着手，头脑清醒，活活泼泼的，既没有义务，也没有责任把昨天所学习的课程复习，或做什么作业，也没有必要预习今天要学的科目，因为这个学校没有作业。

他们只需要用清醒的头脑思考，并对今天的课程感兴趣就可以了。

在丘陵和田园的山径上，孤孤单单缓慢出现的少数小黑影，听到钟声将停，就加快了脚步，喘息着跑进学校。

学校是一幢石头建造的两层楼房，其中两个房间充当教室，另一间当作老师的办公室，其余两间是教员室。

吊有小钟的门厅前，排放着体育用品，被雪和泥土所凝聚着的楼梯口，悬挂着课程表。

在老师进教室以前，学生们都在教室附近聊

名人名言

所谓人生，是一刻也不停地变化着的，就是肉体生命的衰弱和灵魂生命的强大、扩大。

——列夫·托尔斯泰

※托尔斯泰创作中

天、玩耍或把同学从楼梯上推下去，或玩捉迷藏游戏以消磨时间。有的甚至就在被踏得坚硬的雪地上滑冰，或在操场上赛跑追逐。

女同学和女同学在一起玩，男同学就自然地与男同学一起玩，形成一些小集团。

有时男生向女生开玩笑，或取笑女生时，并不是针对某个女生，而是对所有的女生。

在这所学校里，并没有男女的差别；但是因为学生全都是纯朴的农家儿童，所以女生都让着男生一点儿。

在这所学校读书，即使迟到了也不必担心会被老师责骂。

而且这所学校的教室座位也不固定，所以学生们可以随便坐在一起上课。

教师教授的科目有：读本、作文、书法、文法、俄国史、自由画、仪器画、音乐、算术、理科、生物、新约圣经、说话练习等。课程表上，中午以前有四小时的课，但偶尔也有三个小时或两个小时的。

有时候，由于任课老师对课业教导得太热诚了，将一个小时的课程延长为两个小时，或甚至三个小时。下午两点钟，学生回家吃中饭，吃过饭后又立刻陆陆续续回到学校，继续上午的课业；有时，甚至继续到晚上八点或九点。

学校是采取绝对的自由主义，不

管学生来不来上课，或者到了学校进不进教室，这都由学生自己决定。

当然，学生更不必缴纳分文的学费。全校学生是男女合班，约有四十名左右。

至于师资方面，除托尔斯泰之外，还有三位大学生做他的助手。

这就是1859年托尔斯泰所创设的雅斯拿雅·波里雅拿农民学校的大概情形。

1847年，托尔斯泰十九岁时曾首次创办过学校，现在则是第二次从事教育工作。因为他心中始终蕴含着一种思想，认为有才能又有学识的人，不但应自己享受知识，也应该让别人分享。

托尔斯泰出生于富裕家庭，上过大学，也是法学学士，在军中是个尉级官，现在又成为著名小说家，多少有些知名度，且曾到外国旅行，头脑中充满了新知识、新观念，所以他急于想将这些新知识，让村里的儿童们分享。

以前所办的学校并不理想，这次再度办学校由于有了前车之鉴，所以托尔斯泰对每一件事的处理都很谨慎。

与其称之为学校，倒不如说是私塾还比较恰当，因为这所学校的规模并不完备。为了让喜欢学习的儿童们对入学感兴趣，所以他先从小学教育开始，然后再逐渐充实扩大。

托尔斯泰曾多方面游说儿童们的家长："请让喜爱玩耍的孩子到学校来吧！"

托尔斯泰并不以这个小规模的学校而自满，于是他开始对教育以及如何能使学校办得好这些方面深入研究，因此从研究中颇有一些发现。

首先发现的是，他的理想虽然很高，但是对于有关学校行政方面的事，却完全是个门外汉，也可以说对学校的事务以及如何维持等，完全没有一点概念。

所以不但是本国，即使是外国出版的只要与教育学有关的书籍，一旦发现，他就立刻买回来阅读；一听到哪里有优秀的教育家，不管路途是否遥远，他都去向他们请教。他也曾到各地的学校或私塾去参观过，每一次都能获得一些非常好的经验和心得。

如此一来，托尔斯泰认为也应该到西欧的德国、英国、法国的学校去参观一下。有了这种想法，心里就愈加着急，愈感到在国内待不住。正好这时大哥尼克莱卧病在德国，他就以探病为由，向西欧各国出发访问了。

托尔斯泰的教育理想

1860年7月，托尔斯泰与妹妹玛丽亚一同去看望在德国住院的大哥尼克莱，开始了他第二次的西欧之旅。

非常遗憾，尼克莱在他们探病后不久就去世了。

尼克莱是一位很仁慈的哥哥，不论寒暑，他都非常关心照顾着托尔斯泰，托尔斯泰也很敬佩他。

大哥死后，妹妹带着他的遗骸回故乡安葬，托尔斯泰则与妹妹分手，继续进行自己的教育视察工作。

在法国、德国、瑞士等国视察初等教育后，他获得了很多宝贵的知识。以后他又将旅程延伸到意大利、比利时、英国等国家。

※托尔斯泰的长兄尼克莱

各国的民情、风俗、政治、经济、文化都不相同，自然教育的方法也有一些差异。由于这都是国情不同而产生的差异，因此他认为这是一件很有趣的事。

但是最后综合所得的结论，托尔斯泰却认为他们的教育方法并不适合于他的理想，所以托尔斯泰并不想模仿他们。

他认为西欧的教育离他的理想相当远。

所谓西欧进步的教育，虽然不能一概而论，但大都是将所规定的各种学科，单方面灌输给学生的教育方式。

托尔斯泰在德国某些学校参观时，真是吓了一跳。那些学校的功课表上好像排满了为国王祷告以及体罚、默诵三种活动。儿童们都呈现出战战兢兢、乖僻、心理不正常等现象。受了这种德国式束缚教育的学生们，个个都面带铁青色，看不出一点快乐的样子，也看不到任何前途光明的迹象。

托尔斯泰完全反对这种填鸭式、充满了严厉规则的教育方法。

强制性较少的学校，当然要比强制性大的学校优秀。不必以太多的规则去束缚，应该让儿童们的性格自由活泼地发展，并从旁去诱导他们，这才是好的教育方法。假如他们喜欢的话，就让他们和邻座的同学说说话；假如他们高兴的话，就让他们玩玩掷骰子的游戏。像这样的教育方法，必会使秩序紊乱而无法收拾，为防止这种情形发生，仍然必须制定出某些规则来，要求师生有所遵循。但是也不能管得太严，譬如有时应该说些有趣的故事给学生听，或提供一些问题让他们去解答，让一位同学在黑板上写答案，再由另一位同学上台加以更正。如此，每个人都有事做，就不至于闲极无聊做那些调皮捣蛋的事了。托尔斯泰认为这种办法最好，既不过于严格而又不太放松；然而为什么有些学校的老师们，根本不愿去考虑这些问题呢？

如果将教育方法比喻为投掷豌豆，那么德国式的教育方法，就像掷出去的豌豆碰到墙壁又会反弹回来一样，收不到实际的效果。

俄国的教育就需要俄国式的技术。但是提到俄国式，便想到过去的俄国式和现在托尔斯泰所见到的俄国式竟完全没有两样，于是他就想出了自己独创的俄国式教育方法，正确地说，应该是托尔斯泰式的教育方法。

在托尔斯泰创办的学校里，他决定采用与德国式不同的方法。既没有体罚，也没有严苛的纪律，什么都自由化。当时并不仅是德国，就是俄国的学校中，体罚学生也是很普遍的现象，可是托尔斯泰连处罚的原则都不订立。

教育的目的是使学童体验人生的乐趣，与他们共同研究人生中可能会发生的各种问题；而把书本上的知识灌输给学生倒是其次，让他们学习活生生的人生，这才是最重要的。

这就是托尔斯泰的教育观。所以第二次西欧旅行回来后，他更渴望和学童们在一起，与他们共同生活，一起体验人生。

由于运用这种全新的教育方

法，托尔斯泰创办的学校充满了欢笑与活力。虽然没有严格的纪律或责罚，却没有一个学生迟到，也没有人在上课中东张西望或恶作剧，而且学生们的表现与学业成绩都日渐良好。托尔斯泰和学生的关系，就好像蜡烛和烛芯般地不可分。

看不到托尔斯泰，学生会感到寂寞；同样的，没有学生，托尔斯泰也会感觉不安宁。学生和他分开的时间，只不过是夜晚而已，有时他们一直到深夜还逗留在托尔斯泰家阳台附近。

托尔斯泰也时常和学童们在一起玩雪橇，或和他们摔跤。谢肉祭时，他就集合村里的全部学童们，请他们吃肉圆；有时托尔斯泰还送他们铅笔、小刀，以及做内衣的纱布或者糖果之类的小东西。

到了春天，托尔斯泰将三千平方米的土地提供给学童们，让他们自由耕种，收获的果实则全部归他们所有。他采用这种教育方法后，逐渐发觉农民的儿童远比同年龄的贵族儿童更优异、更聪明，进步也更为神速。如此一来，他现在所创办的这所学校和第一次创办的学校已大不相同了，家长们不但对此表示欢迎与褒奖，而且还全力支持。

于是，托尔斯泰又在雅斯拿

现代的俄罗斯大学校园

雅·波里雅拿邻近的十一个村庄，设立了几所分校。

这些学校的老师都是年轻的大学生，每天都写授业日记，星期日则到雅斯拿雅·波里雅拿来，与托尔斯泰互相研讨他们各自的授课心得，以及协商下周的授课计划。

但是这种教育方法，单凭他们这些人来做，力量是非常有限的，必须得到更多人的帮忙才行。

但遗憾的是，俄国一般的教育多采取西欧式的教育方式，以强制的方式教导国民读和写。如果这种教育一直延续下去的话，则学校生活将会造成儿童身心的不健全，更会剥夺他们天真活泼的天性，使他们慢慢地变成了一个只会说而不会做的人。

学校应该是教育的场地，同时也是向新时代跃进的实验场所，而不是专门每天处理公事的机关衙门。

真正的教育不只是从教室中得到，也要从人与人之间的直接接触中，去学习、探讨人生的一切。

托尔斯泰觉得必须将这些新的观念介绍给俄国的教育家们，于是他开始出版发行一本教育杂志《雅斯拿雅·波里雅拿》。

在杂志中，托尔斯泰发表了自己及当助教的大学生们的许多教育论文，或学校教育工作报告、图书目录，以及学校附属图书馆工作情况、捐款报告等等，内容非常实际而新颖。

托尔斯泰的学校开办了三年多，但是他这种完全自由的教育理论，却遭到了传统派教育家们的反对。

因为学校的做法，多少包含有一些解放农奴的政治意识，所以封建制度中的那些上流贵族们开始攻击托尔斯泰；其他一般人也以冷酷无情的眼光看他，骂他是穷极无聊、做傻事。虽然他是一心一意地想依照他的理想办好教育，但人们仍予以苛刻的批评。

托尔斯泰一心向理想推进，毫不被这些批评所动摇，因为一个立志实现理想的人，就必须贯彻他自己的信念。托尔斯泰在雅斯拿雅·波里雅拿创办这所农民子弟学校，其目的就是想让儿童们能自由天真地成长，使他们将来都能有理想的前途。

反对这种教育方式的人，可说是不懂得真理的人。他们无非是不愿别人的人生过得完美，而欲将农民永远置于无知、不自觉的状态下，以便谋求更多个人利益的人。托尔斯泰绝对不愿被他们所左右！

宪兵搜查学校

过了一段日子后，托尔斯泰却生病了。虽然他有看似强壮的身体，但是并不健康，他有冷感症、咽喉炎、牙痛、眼疾、风湿痛等疾病。

1852年在高加索时期，他一星期至少有两天因病而待在屋子里。1854年在去西伯史特波里途中，也病了好几个月。1856年三哥德米特列患肺病而死。1860年，大哥尼克莱也因肺病而去世。托尔斯泰也曾害过三次肺病，1856年、1862年和1871年，这次是属于第二次，令人讨厌的咳嗽让他咳个不停。再加上他所信任的学者和文学家们一直攻击他，使他感到心灰意冷，正如同感染了肺病似的。

※三十三岁时的托尔斯泰

因此，托尔斯泰决定去接受马乳酒的疗养，因此将学校的工作委托给助手们。5月中旬，托尔斯泰和侍从及两位学生，前往撒马拉县。

撒马拉县的广阔土地，果然使他逐渐恢复了

生气。他几乎不再咳嗽了，每天一边以马乳酒治疗，一边过着寂静的养病生活。

但是就在托尔斯泰养病期间，雅斯拿雅·波里雅拿的小学却发生了一件令人遗憾的事。

激烈反对托尔斯泰的人们，认为在他养病期间，是打击他的最好机会，他们以卑劣的手段，做出意想不到的攻击行动。

托尔斯泰不在家时，家中除了年老的伯母塔迦娜代他执行主人的任务外，妹妹玛丽亚也带了子女们来玩。

有一天早上，忽然从中央贝德尔普鲁格送来一道命令，说是要派宪兵到托尔斯泰家搜查。

命令中说托尔斯泰有违反国家政策的政治活动嫌疑，接着来了一辆带有警钟的三马邮递马车，及一辆普通百姓所使用的运输车，车中乘坐着警察主管、分署长、区长、警察，还有许多宪兵，真是一场惊人的大规模侵入民宅的行动。

家中到处站满了官兵，监视着托尔斯泰家中的每一个人，妇女儿

俄罗斯三马车像

托尔斯泰像

童们几乎都吓得晕过去了。

桌子抽屉、所有的橱柜、皮箱、金库都被翻开检查，弄得一塌糊涂。宪兵们连庭院里的池塘都放下网去，想要在池中捞获什么有关反国家运动的证据似的，但是结果却使他们非常失望。

后来他们将搜查的范围，从雅斯拿雅·波里雅拿的学校，扩大到附近乡下的小学分部，进行长达两星期之久的搜查行动。

雅斯拿雅·波里雅拿的农民们，被这些野蛮宪兵的行为吓得胆战心惊。

为托尔斯泰看家的伯母塔迦娜对这事感到非常地悲痛和痛恨，这也是促使她过早去世的主要原因之一。

托尔斯泰在疗养院听到这个消息后，只愤怒地骂："这些可恶的恶魔!"然后又自我安慰："搜查时幸好我不在场。如果我在家的话，可能这时已被视为杀人犯而逮捕下狱了。"

为什么呢?因为那时托尔斯泰的房间内还有一把手枪，如果他看到他们当时那种不讲理的情形，一气之下说不定会打死几个人。

这次不讲理的搜查行动，使他的学校乱得不成样子，村民们都非常惧怕，再也不肯让子女们来上学了。托尔斯泰忍受不了这种屈辱，于是激动地写了一封信给俄皇亚历山大二世，请求他惩罚这些趁主人不在时乱搜民宅的宪兵，纵然不处罚的话，也得公布他们的罪行。

托尔斯泰认为如果这件事没有得到圆满的结果，那就没有继续待在这个国家的必要，因此他准备移居到国外去。后来亚历山大二世派了一位侍从官到托尔斯泰家来，向他说了声"请原谅"，这件事就这样不了了之。

托尔斯泰再次创办学校失败，学校最终关门了。

结婚与《战争与和平》

为了创办农民子弟学校，托尔斯泰曾费尽苦心；同时他又当上了农事裁判所的仲裁员，忙着调解地主与佃农间的纠纷。如此忙碌的生活所带来的疲劳，使托尔斯泰得不到一刻的休息。

撒马拉的马乳酒虽然能恢复他的健康，但却无法治愈他心理上的创伤。

托尔斯泰没有知心的朋友，所以很孤独。当他物质生活不匮乏的时候，倒有很多逢迎他的朋友；可是当他专心追求真理时，却没有真正知心的朋友了。

此时，托尔斯泰强烈地渴望获得家庭的幸福生活，所以心情也开始急剧地动荡。

※1862—1910年托尔斯泰所使用的寝室

托尔斯泰深深地爱着嫁到只德尔普鲁格的妹妹的小姑子索菲娅·安德烈耶芙娜，她也爱着托尔斯泰。但是自我批判以及苦恼剧烈地袭击着他，托尔斯泰不断告诉自己："不要老想结婚，你应该有你自己的神圣使命。……我怕自己只是怀有爱的希望，而没有爱的本质，那该怎么办呢？我虽然已经看到了她那不好的一面，但仍深深地爱着她……"

托尔斯泰毅然坦白地向她求婚。因为他已强烈地感觉到他这种爱的希望，已经变成为热烈而真实的爱情了。

所以等他在撒马拉县恢复了健康后，回到雅斯拿雅·波里雅拿，9月23日他们就举行了结婚典礼。

那时他已满三十四岁，而新娘索菲娅仅十八岁。

10月15日，雅斯拿雅·波里雅拿的学校关闭了，教育杂志《雅斯拿雅·波里雅拿》也停刊了。

但是托尔斯泰一直没有放弃写小说。

1863年托尔斯泰忽然想创作长篇小说。从1863年起至1869年，托尔斯泰整整花了六年的时间，完成了《战争与和平》。

在这六年时间里，他们夫妻生下了长子谢辽沙，又生了长女塔迦娜，次子伊利亚，幼子烈夫。

托尔斯泰一直瞒着别人写作《战争与和平》，当中虽然遭遇到许多的困难和阻碍，但都由于他有坚强的意志，而将其完全克服了。

托尔斯泰认为过去所发表的作品都是他的试笔，这一次的巨作，才是他的真正作品。托尔斯泰灌注了所有的心力在这部作品中。

写作是件苦事，因为一部巨著中的人物不但繁多，且应各自具有其独特的个性，他必须经过再三的推敲与深思熟虑，不断地重新安排角色，这确实是很艰难的差事。

《战争与和平》是以1805年至

※托尔斯泰的《战争与和平》成为不朽的名著，图为不一样的战争与和平主题塑像

1821年间西欧所发生的历史性大事件为背景，而以拿破仑的战争为中心所构成的。但是托尔斯泰不想写成单纯的历史小说，希望能将它写成俄国人民真实生活的大叙事诗。

文章中有贵族、农民、地主，又有军人、官吏、宫廷贵人、郎中、政客、宗教家等，甚至所有的俄国人民都登场了。

托尔斯泰尝试透过这些人物，描写俄国人民的全部生活与其精神。这些历史人物的言语、举动，并非纯粹是幻想的，必须找出真实的人物来描写才会逼真。所以他的书房中有关各方面的参考书籍，堆聚得好像一座图书馆似的。

不但书房变成了图书馆，一连很多次，托尔斯泰都到莫斯科的陆米捷夫博物馆去找寻当年的宝贵资料，或者去图书馆找书籍，以及与小说中每个真实人物有关的各种记录或日记等，作详细的研究。并且他还向当年参与战役的遗老们请教，甚至到发生过大事件的古迹做实地的勘察——他要写出空前伟大的波罗基诺实战记。

亲临拿破仑战争中最大的激战地区——波罗基诺，他应用了在西伯史特波里的实战经验，想象出种种的战争情景。

这部小说的主角是洛斯托夫家族与宝康斯卡雅家族，大都以托尔斯泰的父亲与母亲家族的祖先为背景。小说中的娜搭霞则是以托尔斯泰的妻子索菲亚和他的长女塔迦娜为参考。

当托尔斯泰一心一意且顺利地进行着这部长篇小说时，他曾对妻子说："今天，我已经将生命的一部分放进墨水瓶里了。"这种愉快轻松的心情使他的写作更为顺利。

这部作品首先在《俄国知报》第一号上被印成铅字了，没想到花费了如此多的心血所写成的作品，却遭受到各方的严厉批评。

进步主义批评家说托尔斯泰是在替反动主义者说话，纯粹是旧思想的作品；而保守派的批评家却又强调作品中的爱国思想，并不是托尔斯泰的真正思想。

与托尔斯泰争论最激烈的是他最尊敬的作家屠格涅夫，他批评这部作品缺乏有意义的内容，只是充满了不值一提的事件；而其中又插进了很多法语，与所写的俄语情节脱节的地方很多。

托尔斯泰并不去理会他们的批评，只要自己灌注了所有的心血而完成的作品，能够多抓住一个俄国人的心就够了。

托尔斯泰过去曾以爱心与同情去接近民众，努力地想去了解他们的心理，在作品中所有的角色都是他们的祖先或父亲，甚至他们本人；同时也包括了他自己及贵族特权阶级们那种内心的虚荣、空虚、罪恶在内，他严酷地将这些实情揭露。

当然贵族中也有些人能以高水准的道德和宗教真理去接近民众，所以他们那诚实恳挚的面目，也必须让民众多了解。

一般民众，再加上贵族，这就是当时俄国的整个缩影。

令托尔斯泰高兴的事情终于发生了。当第四卷发行的时候，就连屠格涅夫也夸奖道："真是无话可说，的确是一部非常完美的作品，在俄国没有比这更优秀的作品了。不，不仅是在俄国，除了托尔斯泰外，全欧洲没有一个人能写出如此优秀的作品。"

知识链接

《战争与和平》

《战争与和平》是托尔斯泰第一部卷帙浩繁的长篇小说：场面浩大，人物繁多，成就非凡。《战争与和平》问世至今，一直被人称为"世界上最伟大的小说"。这部巨著以史诗般广阔与雄浑的气势，生动地描写了1805年至1820年俄国社会的重大历史事件和各个生活领域"近千个人物，无数的场景，国家和私人生活的一切可能的领域，历史，战争，人间一切惨剧，各种情欲，人生各个阶段，从婴儿降临人间的啼声到气息奄奄的老人的感情最后迸发，人所能感受到的一切欢乐和痛苦，各种可能的内心思绪，从窃取自己同伴钱币的小偷的感觉，到英雄主义的最崇高的冲动和领悟透彻的沉思——在这幅画里都应有尽有"。（斯特拉霍夫语）作家对生活的大面积涵盖和整体把握，对个别现象与事物整体、个人命运与周围世界的内在联系的充分揭示，使这部小说具有极大的思想和艺术容量。作者把战争与和平，前线与后方、国内与国外、军队与社会、上层与下层联结起来，既全面反映了时代风貌，又为各式各样的典型人物创造了极广阔的典型环境。作者对人物形象的描写既复杂又丰满，常用对比的艺术手法来表述，体裁在俄国文学史上是一种创新，也超越了欧洲长篇小说的传统规范。

女主人

结婚之后，女主人索菲娅为庄园带来了生气。她用盆栽的山茶花和木樨草等鲜花装点住所。在屋前的草坪上培植了番红花、风信子、玫瑰花和茉莉花。在花园里用沙土重新铺了小径，修剪了洋槐，又栽上了丁香和金银花。

庄园的所有经济账目都移交给索菲娅，所有的库房的钥匙也都交给了她。

托尔斯泰获得了精神上的宁静。他感到了难以置信的幸福。

在给费特的信中，他这样写道：

1862年结婚时的托尔斯泰和索菲娅

托尔斯泰骑马去郊外打猎

我是在家里给你写信，我正写的时候，便听到她的声音了，她和我哥哥在楼上谈话。

托尔斯泰爱她胜于尘世的一切。他活到三十四岁，还不知道恋爱和如此快乐是可能的。“等自己心境更恬静点，就给你写封长信吧。”不，不应该说“心境更恬静点”，因为他现在是有生以来心境更恬静，更明晰，胜于以前任何时候的。他应该说“等我习惯了我的这种心境”才对。

现在，他还有点感觉，好像正是偷来了不应该为他所有的、非法的、不属于他的幸福似的。看，她来了！他听到她的声音了，就是这样完美！

1863年2月，中篇小说《哥萨克》发表了；3月，中篇小说《波利库什卡》发表。

《哥萨克》在国内外都赢得了好评。

屠格涅夫称之为“这是令人惊叹、有着巨大力量的作品”；法国作家罗曼·罗兰赞誉它是“不可企及的、最出色的抒情作品”。

屠格涅夫读了《波利库什卡》，被他的才华震撼，反复赞叹：“他是一位大师！一位大师！”

这两部小说的巨大成功，让托尔斯泰很受鼓舞。加之妻子索菲娅的鼓励，托尔斯泰决定抛开一切，全身心投入到文学创作上来。就这样，他决定停办学校和杂志了。

1863年6月28日，长子谢辽沙诞生了，更为美满的家庭增添了快乐。

儿子的出世让托尔斯泰喜悦万分。他非常喜欢孩子，当儿子患病时，他会彻夜守在小床边。

1863年秋，他在给一个亲戚的信中说：

我已经是个有妻室并且做了父亲的人。我对自己的境况十分满意，而且我对这种境况已经十分习惯。

这种境况为托尔斯泰提供了施展才能的广阔天地。他从来也没有感觉到自己的智力，甚至整个精神力量，能这样任意驰骋，这样有利于工作。

就在这种精神状态下，托尔斯泰开始了《战争与和平》的创作。

打猎是他最好的休闲方式。在创作间隙，他仍然去打猎。

但是，就在1864年10月的一天，他外出打猎时却遭遇了危险。

这天，他骑马带着猎狗正在野外转悠。忽见一只野兔出现，他一边策马追上前去，一边发出哨声，指挥猎狗追击。

他正往前跃马疾追，没想到在一个狭窄的沟边，马突然失蹄跌倒，把托尔斯泰抛下马背。

马跑掉了。

他却昏倒在沟边。

他苏醒后，忍着右臂的剧痛，挣扎着走了半里多路才来到一条公路上。这时他连坐起来的力气也没有了，只好躺在那里，希望被人发现并能救他。可是，没有人出现。天黑了，他感到了恐惧：万一有大野兽出现，他就有可能被吃掉！

再说家里，索菲娅已经等得焦急万分，就差点派仆人出去寻找了。

忽然来了一个青年，说托尔斯泰在他家里，受了点伤，不过已经没事了。

索菲娅立即带仆人来到这位青年的家里，才知道这家主人是个挺出名的接骨医生。得知托尔斯泰脱位折断的右臂已被接好，她才略微放心。

托尔斯泰笑着安慰妻子说：“你别担心，他们说过两个星期就会好的。”他正是怕妻子受到惊吓，才让救他的人直接送他来到接骨医生这里。

六个星期过去，托尔斯泰让人拿枪来，想试试他的胳膊，不料一端枪就疼得受不了。

妻子见了，很是心疼，她知道一定是胳膊没有接好，决定找自己的父亲帮忙。

后来，是别尔斯医生出面请来两个接骨专家重施手术，才让他的臂伤彻底治好。

索菲娅不仅把家务事安排得井

托尔斯泰正在写作

※索菲娅的寝室

井有条，使托尔斯泰安心写作，而且还要照顾孩子。

即使这样，她在忙家务的间隙，还要挤出时间，多半在夜里替托尔斯泰抄稿。

她每天都把托尔斯泰写好的字迹潦草的手稿誊写清楚。第二天托尔斯泰进入书房时，誊得整整齐齐的手稿已摆在书桌上了。

这些誊清的稿子往往又会被改得面目全非，于是她就重抄。每页稿子究竟抄了多少遍，自然无法统计；但全书抄了将近七遍，只有极少部分是雇人抄写的。

抄写久了，索菲娅竟练出了辨别丈夫字句的特殊本领，再潦草，再难认的字句，她都能准确无误地抄写明白。

她还是第一个读者，曾说服丈夫修改和压缩涉及海伦放荡行为的章节。

索菲娅自己则把抄写工作视为一种享受。她曾这样说道：

> 《战争与和平》以及其他作品的抄写工作，给我带来了巨大的美感享受。我毫无畏惧地等待夜间的工作；我欢快地等待工作，意识到他作品的继续进展又将给我带来享受。

抄写工作也加深了夫妻之间的感情。

有时，索菲娅伏在桌上正辨认那密密麻麻的手迹，丈夫悄悄走到她身边，静静看她抄写。

她意识到了，总要握住丈夫那双有力的大手，深情地亲吻。丈夫便充满怜爱地抚摸她那乌黑光洁的秀发，轻轻地吻她的头。

有时，索菲娅为让丈夫轻松一下，两个人便到钢琴室，四手联弹，绵绵情意在指间流淌。

有时，抄写中索菲娅太困了，她也不回卧室，而是小猫似地躺在丈夫脚边那具黑熊标本旁边，头枕着黑熊的头打盹。

等托尔斯泰睡意实在无法抗拒时，才蓬散着头发从座位上站起，过来轻轻唤醒妻子，并一同去卧房休息。

是的，可以这样说，这部巨著的诞生，是他们夫妻爱的结晶。

知识链接

《战争与和平》选读

人的自由意志与其他任何力量不同就在于，人能认识到自由意志的力量；但是对理性来说，自由意志力与别的任何力量并无不同。万有引力、电力或化学亲和力，彼此之间的区别，只在于理性给它们下了不同的定义。同样对理性来说，人的自由意志力与别种自然力的区别，也只是在于理性给它下的定义。自由如脱离必然性，就是说，脱离规定它的理性法则，就与万有引力，或热力，或植物生长力并无任何区别，对理性来说，自由只不过是瞬息间的、无法确定的生命的感觉。

正如无法确定的推动天体的力的实质、无法确定的热力、电力或化学亲和力，或生命力的实质，构成了天文学、物理学、化学、植物学、动物学等等的内容一样，自由意志力的实质构成了历史的内容。但是，正如每种科学研究的对象是未知的生活实质的表现，而这实质的本身只能是形而上学的研究对象一样，人的自由意志在空间、时间和因果关系中的表现，构成历史的研究对象；而自由意志本身是形而上学研究的对象。

在有关生物体的科学中，我们把已知的东西叫作必然性的法则；把未知的东西叫作生命力。生命力不过是对我们所知道的生命实质以外的未知的剩余部分的一种说法。

历史中也是如此：我们把已知的东西叫作必然性的法则；把未知的东西叫作自由意志。

就历史来说，自由意志不过是对我们已知的人类生活法则中未知的剩余部分的一种说法。

创办草鞋大学的愿望

1869年秋天，托尔斯泰将《战争与和平》的全部六卷完成，又想要开办农民学校——这是他第四次开办学校了。

几年前由于宪兵无理的搜查，使得雅斯拿雅·波里雅拿学校关闭，这悲惨的回忆并未从他心中消失，可是他必须刷去这种悲惨的记忆。为农民着想，托尔斯泰还得再次为他们播种智慧的种子。

农人为人类播下了物质方面的粮食种子；同样地，想要农人们过幸福的生活，就得为农人们播下精神方面的智慧种子。托尔斯泰就是在这种观念下，重

※波罗基诺战役场景图（摘自《战争与和平》）

新振奋起自己不屈不挠的决心。

在托尔斯泰写《战争与和平》时，对世界上的各种事物，都已稍有领悟。一个人单是心存不做坏事而想过清廉日子的生活是不够积极的，这可说是白白地糟蹋了人生。一个人应该积极地为大众谋福利，至少也得努力工作以求对别人有所贡献，才算是了解人生的真谛。这种思想的真义，也就是一个人的心中必须有“爱”，这包括了对亲人的爱，对敌人的爱，对所有世人的爱。

而后托尔斯泰又想到，对亲人的爱是自然的感情流露；但是谈到爱敌人，如果没有神一般的爱心是无法做到的。世俗的爱，容易陷于嫉妒；而神的爱则不会变心，任何东西都无法破坏这种爱，这才是人类所应发挥的本性。

托尔斯泰又对战争产生了疑问，虽然在西伯史特波里他曾勇敢地舍命奋战，但此时他却日渐地对战争产生了强烈的反感和疑问。

战争是违反人类本性的行为，为了要去实行这种违反人类本性的事，结果除了让不计其数的人员伤亡外，还造成后遗症，使数以百万计的人不断地、不知耻地去做坏事，如诈欺、叛逆、偷窃、伪善、造伪钞、放火、残杀等等。若是要调查收集这些做坏事者的罪证，即使集合世界上所有的法院、警察人员，也可能要费上几世纪的时间才能办得完。可是却没有一个人认为造成这些做坏事者的元凶有罪恶，这是多么可怕啊！

《战争与和平》中，安德烈公爵曾说：“战争是什么?战争的目的是互相残杀，战争的武器是间谍、阴谋、唆使、破坏民宅，为了军队的补给而掠夺人民的财产……这些全都暴露了虚伪与欺诈者的内幕。”

“军人的原则是没有自由，服从命令；而安逸、横暴、残忍、放荡、酗酒、赌博等则是上流社会贵族们的生活写照；然而，军人的领导者却是这些上流社会的贵族们。”

“现在，不但俄国的皇帝，其他国家的国王也大都穿上了军服炫耀自己，指挥着数不清的人们做互相残杀竞赛活动的人，其目的只是为得到更多的奖赏。就在这种互相残杀中造成了大量的死亡与残废者；可是，这些残暴的领导阶层，却还以杀人的数字互相炫耀功勋，并高声地宣布着胜利的结果。”

在雅斯拿雅·波里雅拿办学校时，托尔斯泰曾将这些使他内心纷扰的问题努力思考过，并努力地教育农民子弟。从今以后，他仍要继续实行自己这种理想的教育。

目前，农民们就如久旱盼雨一

※通往托尔斯泰墓地的小路与小桥

般，渴望着受到真正有益于他们的教育。

为了建设伟大的俄国社会，必须将智慧的种子、神爱的真诚向可爱的农人子女们播种下去，为了下一代的农人，必须从他们之中选出最佳的教师。所以托尔斯泰认为这些农民子弟由小学毕业后，必须再让他们继续升学，这就是托尔斯泰创办草鞋大学的最初构想。

首先他考虑到要编印一些适合农家子弟们的教科书，过去所出版的教条式教科书，则不能适用于现在的形势，为了实现他的理想，必须亲自编纂教科书。

一年后，托尔斯泰就编成了简单易读的《入门读本》及《初级读本》之类的书。

托尔斯泰所编的书，都由他妻子及次子伊利亚来编写，如此一家人总动员编撰好了教科书。

这些教科书有读本、书法、文法、算术等科目。在读本中，他们也以有趣而易懂的短篇故事方式，再加入一些理科方面的常识，如湿气为何对空气有害、有关湿度的问题、气球的制作法、如何观察动植物等等。除了这些读本外，托尔斯泰又编撰了教师用的参考书。据说这些读本在几年后均普遍地用于全俄国的学校里。

教科书编撰完成后，托尔斯泰就想尽快地在雅斯拿雅·波里雅拿开始授课，但是又想从邻近的学校先开始推广。

托尔斯泰在自己的别墅里招待这些教师们，然后用托尔斯泰式的教育方法教导他们，使他们能够一边试验，一边指导学生。

这次是他第四次办学校，比起前三次来，自己已经有更多的实际经验了。他对教师们说：

> 各位，我有以这种方法教导俄国儿童的义务，但我并不以此为满足，为了使农民有农民教师，我希望所教育出来的儿童，日后能成为教育其他农民儿童的优秀教师。为了达到此目的，我不仅创办小学，更要创办草鞋大学。这是使农民的子女们能够一面工作一面读书的大学，毕业后他们仍然能和家乡的人们一起工作，这是一种能使儿童们活泼自由地接受教育，并能培养日后农民学校师资的大学。

教师们都赞成托尔斯泰这种方法。

但是创办大学需要庞大的经费，何况他所设立的学校并不收学费，也不向家长募捐，所以必须从别处筹募经费。

在一个偶然的机会里，担任县贵族会会长的友人德艾夫沙马林知道托尔斯泰的情形后，热心地告诉他："有三万卢布存在农会里，可以用来作为农民教育费，你去领用这笔经费如何？"

"那真是难得啊，我立刻就去申请拨款。"

托尔斯泰赶紧向农会申请，但却遭到农会的拒绝。据农会表示，这笔钱是决定用来捐建叶卡特林娜二世纪念碑的。

为什么将这笔农民教育费转用于叶卡特林娜二世纪念碑呢？真是莫名其妙！学校与纪念碑何者重要？他们竟然不明白。托尔斯泰真丧气，但是生气也没有用。

为了筹募这笔经费，托尔斯泰毫不气馁地奔波了两年，但是却无法筹到足够的数目，所以设立农民大学的愿望也就无法实现。

创办大学的计划虽然没有成功，但他仍然全心全意地贡献自己的力量于普通教育。托尔斯泰将此绝对自由的教育理论，提供给出席莫斯科初等教育委员会的委员们研讨，并和很多专家展开激烈论战。托尔斯泰在加内欣工厂的女工部门依据他独特的教育方法，开办了两所学校，一所学校实施初等教育委员会通过的教育法；而另一所则实施托尔斯泰自己的教育法，使其自然发展，而后相互竞争以现成效。

托尔斯泰十分钟情于教育事业

托尔斯泰提出的教育理论，不但在教育界轰动一时，在文艺界也造成了很大的影响。

然而托尔斯泰这种太过于自由的教育法，当时并没有受到古板、顽固的教育家们的欢迎。

在与友人的通信中，他写道：

你信上说你很孤独，我读到这里就想，这家伙好大的福气，竟在享受孤独！

我呢?我有一个老婆，三个孩子，一个在吃奶的婴孩，两个老姑母，一个保姆，两个女佣人，现在他们一起生了病：寒热、高烧、衰弱、头痛、咳嗽。我收到你的信时，情况就是这样。十个人中间，吃饭的时候，只有我跟一位老姑妈两个人对吃。

而从昨天起，我胸口两肋也不舒适了。可我有许多事要告诉你。我读了许多莎士比亚、歌德、普希金、果戈理和莫里哀的作品。关于他们，我还有许多话要对你说呢。

就是面对这样的生活情景，托尔斯泰也没愁眉苦脸，而是坦然面对，心境乐观。

撒马拉县的饥荒

托尔斯泰因热爱教育，同时又猛啃希腊语，并勤于写小说，精力消耗巨大，不久便失去了健康。所以在1871—1873年间，托尔斯泰一直都在撒马拉县过着疗养生活。十年前，他就曾因身体不健康而到这里作马乳酒的疗养，从此以后，马乳酒成为托尔斯泰疗养疾病不可缺少的药物。

在撒马拉县的新鲜空气中，喝着马乳酒过着自然纯朴的生活，这是最好的医疗方式。但是1873年托尔斯泰带着家人去作马乳酒疗养时，却遇到了该地最严重的饥荒。

撒马拉县已经连续三年没有农作物收成，尤以那年最严重，农民都濒临于死亡边缘，撒马拉县十

※ 悲天悯人的托尔斯泰和助手，正在研讨如何救助饥苦的灾民

分之九的人口都处于饥饿中。

托尔斯泰听到这个消息，一刻都无法平静。为了所爱的农民，为了要解决民众的不幸，托尔斯泰必须设法拯救他们，再顾不得自己的病了。

托尔斯泰和加毕利洛夫卡村的牧师，以及佃农领导者、书记们共同发起拯救农民的运动。

当地的百姓由于没有东西吃，所以只要稍有点力气的人就到其他城市去谋生，而留下来的都是弱小的妇孺和一些生病的人，这些人为了勉强活命，只有吃杂草、喝冷水，因此营养不良而全身浮肿。

要了解俄国人的性格温顺，可由农民们所表现出的安静与祥和而知其一斑；但此时此刻所见的，却是惨不忍睹的一幕，令人看了不禁油然产生怜悯之心。

农民们因为没有吃的东西，而又认为死是由神所安排的，因此也就不再作任何挣扎。他们又自认不是可怜的羊，而是只温顺强壮的牛，因此毫无怨言地自动挖掘墓穴，如果一旦倒下去，就把自己埋在所挖的穴里，然后又会有另外一头温顺的牛来做和他们同样的工作。唉，这些朴实又柔顺的人们，现在被穷苦逼迫得如此，真让人看了心痛。

如果一个人站在这些人的面前，而对他们的困苦视若无睹的话，那这个人简直就不是人了，并且应该感到羞耻。然而事实上这种人却多的是，这真令人心寒。

托尔斯泰带了食物到饥饿的老百姓家去救济他们。

托尔斯泰感到非常难过，他在这世界上活了四十年，可是从来没

知识链接

马乳酒

马乳酒是以马的乳汁酿制而成的酒。它是先将四升容量的瓶子盛满马乳，然后放进一盎司左右的糖，再加一茶匙的酵母，最后将瓶盖牢牢封紧，放置阴凉地方。以后的五天中，每天都需摇晃瓶子，使马乳能够在一星期内加速变成酒。这种酒只含约三分之一的酒精成分，所以等于是一种清凉的饮料，对病人很有帮助。

酿成酒后，盖子稍微一松就有强劲的泡沫冒出，而盖子的软木塞则会像开香槟酒似的迸得老远，所以必须小心牢牢塞紧。

这种酒虽然一星期就可酿成，但缺点是无法长久储存，即使紧紧地塞住瓶口，也必须在四个星期内喝完，否则会变质而失效。

※托尔斯泰

有看到过如此可怕的饥荒年。

牧师也发出向神祷告般的声音说："我也不曾看过这种悲惨的境况啊！"

"冬天就要来临了，该怎么办呢？"托尔斯泰一想到这里心中就担忧起来。

"是的，大家应该想办法救救他们。"牧师说了好几次"要想办法"，可是他却想不出好办法来。

"撒马拉县十分之九的人都缺乏食物，想要拯救他们只靠你我的力量是不够的，要向全俄国的人呼吁，人民才能得到广大的援助。"

"是的，我也是这样想。"

他们带了有限的面包去慰问众多饥饿的农民，正如大海中的一粟，起不了多大作用。

该怎么办呢？托尔斯泰一直在思考，希望能想出一个办法，因为这是最紧急的事。

"对了，去拜托报社，这是最好的捷径。"

"伯爵，您是一位著名的作家，假如由您来呼吁，一定会获得许多报社的支持，请您尽快去做吧。"牧师说道。

当天晚上，托尔斯泰就开始写求救的信，他用写过《青年时代》《哥萨克》《战争与和平》的同一支笔杆，一口气把求救信写好。每当他一想到这些苦难人们的惨状时，笔杆就不知不觉地停滞下来，内心激动不已。

托尔斯泰感慨万千地凝神持笔，又在公开信的后面加上附注，将他属地的加毕利洛夫卡村近郊第十家及第二十家的农户生活穷困的情形，详细地列举出来。

为了证明此文件的真实性，就请牧师和佃农领导者以及书记们在信后签名。

托尔斯泰又请牧师们协力合作抄写了好几份，每一份都签上"伯爵列夫·托尔斯泰于塔那内卡农园"，然后将它们寄到全国各主要报社和杂志社。

最先发表这公开信的是《莫斯科新报》，该报不但刊登了公开信，还以社论发表捐募救济金的计划。

除了公开信外，托尔斯泰还向在宫廷里当女官的伯母雅·雅·托尔斯德雅夫人禀报撒马拉县人民所遭受的困苦情况，并请她转达“敬请皇后陛下救援”的信件。

于是很快地，皇后陛下拨了一笔救济金下来。

如此一来，有心人都开始呼应，他们异口同声地发出“救济撒马拉县”的口号。尤其是莫斯科的知识阶级妇女们，热心地为他们募捐，以慰问伤兵及救济贫民为宗旨的“爱国妇女会”，也站在街头为他们募捐救济金。

这运动不但在莫斯科展开了热烈活动，也扩展到贝德尔普鲁格、卡察·利卡等各都市，救济撒马拉县的呼声越来越高。

九月份所捐募的救济金有4980卢布，到了十月份就高达7000卢布，到了十二月已经募得384430卢布。

这次募捐计划一直到1876年，总计所募金额达1887000卢布，还有21000普特（俄国的重量单位，1普特约等于16.38千克）的谷物。

托尔斯泰将公开信委托报社登载的措施奏效了，应该庆幸俄国人尚有如此沸腾的热血。

但是托尔斯泰并不认为如此就完成了他的使命，他还继续和牧师们协力合作，为饥饿的农民们东奔西跑。他为贫穷农民付出买马的资金，听到他们的需求就尽力去帮助他们。

有时他们骑马到各处访问农家，一听到哪家有病人，就赶快奔去；听到有儿童生病倒在路旁，就马上请医生救助。农民们一听到他们的马蹄声，脸上就绽开了三年来已忘掉的微笑，像久旱逢雨般地高兴。

那些营养失调而全身浮肿的小孩，一看到托尔斯泰就会急急地围拢过来。

他想自己已经用真诚的心打动了他们的心灵，托尔斯泰真是高兴。他们一听到托尔斯泰的脚步声，都感动地叫道：“那是神的脚步声。”

当一些老婆婆们也出来迎接托尔斯泰时，他感觉到为这些贫苦人们所做的救济，竟有如此大的意义。托尔斯泰不是神，这些救济工作也不是他一个人的力量，而是全俄国人的热忱将他们从死亡边缘救了回来。

慰问他们，鼓励他们的，是捐出救济金的全俄国人的心意，托尔斯泰不由地向神祷告：“请神赐福给这些俄国人吧！”

《安娜·卡列尼娜》

托尔斯泰除了为儿童们筹办教育工作，或为了拯救困于饥荒的农民们而日夜奔波外，想写小说的欲望，愈来愈高昂，已到了非发泄不可的地步了。

那时他曾写信给朋友费特，他说："我不断地想吐出思想，内心充满了写作的意愿。不管我所吐出的汁液是上好的或最下级的，但我以能在这美妙的秋天长夜中，一吐心中思虑为快。"

※托尔斯泰夫妇

这时，托尔斯泰想写一部以皮尔特鲁大帝为中心的故事，如同《战争与和平》一样，是以历史人物为题材的长篇小说。

托尔斯泰的书房中堆满了从图书馆收集来的与皮尔特鲁大帝相关的资料。有时他把它们拿起来读一读，或者做眉批；有时灵机一动

※中文版《安娜·卡列尼娜》

就开始写作，但是进行得并不十分顺利。

托尔斯泰的笔记本内已经满满地写着与那时代有关的所有备忘录，以及简图和计划等。但愈是研究调查，就愈对皮尔特鲁大帝的性格与作为产生了厌恶感。大帝的政治措施绝不是为了国家，而是以他自己的利益为中心，他恣意地过着不道德的生活，奢侈地建设首都贝德尔普鲁格堡。所以托尔斯泰对这种人物已经不感兴趣了，于是不得不中途放弃这件工作。

相反的，他却由于妻子半开玩笑的鼓励，而产生了一部意料之外的小说——《安娜·卡列尼娜》。

身兼母职而令托尔斯泰兄弟姐妹们不断思慕的伯母塔迦娜·艾鲁欧斯卡雅，从前年起卧病在床，有一天托尔斯泰因为有事进入伯母的房间，看到身体衰弱的伯母躺在长沙发上，他十岁的长子谢辽沙正为她诵读普希金的小说《断岸》，他妻子坐在一旁编织毛线，一边听儿子诵读。

不一会儿，伯母朦胧地进入了梦乡。谢辽沙就停止诵读，悄悄地摺起书页放在桌上，不敢打扰伯母的睡梦。

托尔斯泰进了房间后，无意间拿起放在桌上的普希金的小说，不知不觉中轻声地从头念起来："客人们都来到了村庄——"

他立即严肃地说："嗯，这样开头的写作方式很好，应该如此。普希金单刀直入地就进入到事件的中心了。"

当时妻子半开玩笑地说："你也用这种方式写小说嘛。"

瞬间，他感觉眼前一亮："对，你说得很对，我会好好写下去的。"

托尔斯泰立即走出了伯母的房间，回到自己的书房，坐在桌子前，开始提笔写作。

"奥布朗斯基的家庭，非常地

纷乱复杂。”而后托尔斯泰又接上一句：“所有的幸福家庭，都有相类似的地方；可是，不幸的家庭却各有各的不幸。”

一年以前，雅斯拿雅·波里雅拿附近发生了一桩自杀案件，那正是当托尔斯泰劳心于描写皮尔特鲁大帝为中心的长篇小说的时候。地主毕比可夫的妻子安娜史特帕诺比娜，是一个嫉妒心很重的女人，每次雇用新的女家庭教师时，她就怀疑她们可能会和丈夫发生暧昧的事。

当最后一位家庭教师来的时候，她所采用的手段实在太厉害，终于使丈夫生气了，夫妇经过一场激烈的争吵后，太太出走了。

第三天，安娜史特帕诺比娜带了一个小提包出现在雅仙奇车站，她托街上的马车夫交一封信给她的丈夫毕比可夫。

车夫很快地将信送去，可是毕比可夫不愿收这封信，于是车夫只好再带回车站。

那时候她已经死了。马车夫回到车站才知道她已经卧轨自杀，她可能是为了向丈夫报复才如此做的。

第一审的检察官，以及验尸的人都到齐了，将那死者委托车夫所带的信拆开，信上这样写着：“你就是杀我的凶手，杀人犯如果能过幸福生活的话，你就和那个女人去过幸福生活吧！如果你想见我，就请你到雅仙奇车站来，你会看到我的尸体躺在铁轨上。”

这是在耶稣基督洗礼祭前后所发生的事情，当时托尔斯泰还去火车站看她那被解剖的尸体。

从这次悲惨的事件发生后，托尔斯泰的心理受到强烈的震撼。

人类的生活有至高而严肃的法

托尔斯泰及其家人

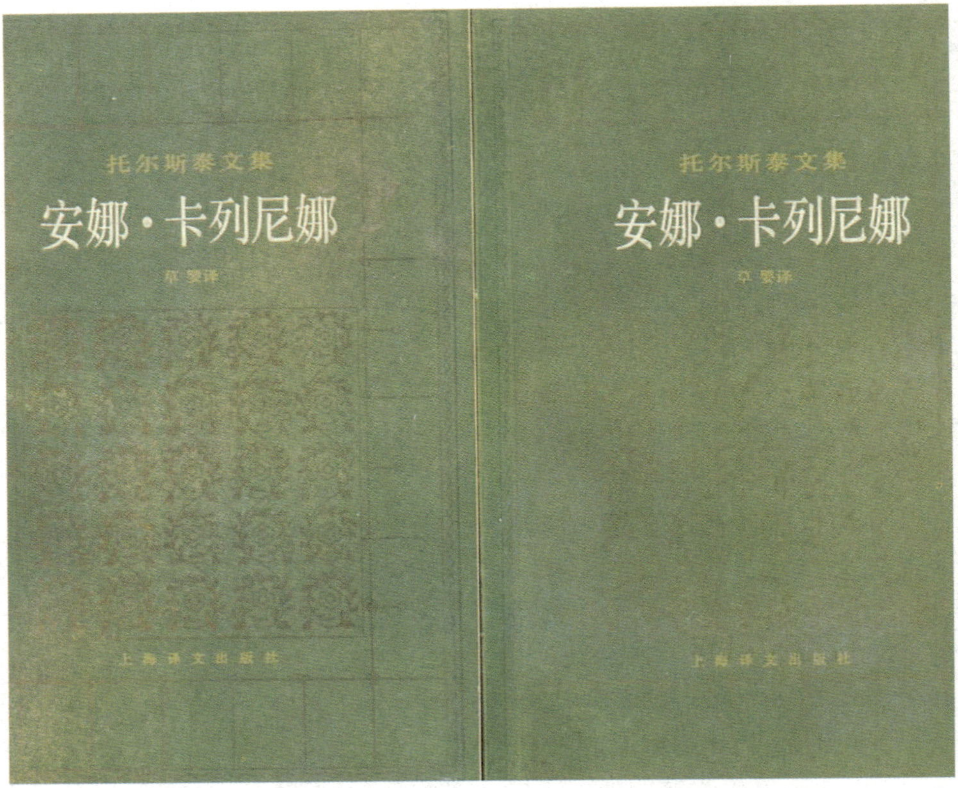

※《安娜·卡列尼娜》中文译本

则，这个法则虽然看不见，可是任何人都不能去侵犯。如果侵犯了的话，一定会归于灭亡。

托尔斯泰想起了这个事件，于是就以它作为影射，开始写长篇小说《安娜·卡列尼娜》。

不过托尔斯泰的小说内容和事实却有些出入，他将这部小说中的这位美丽妇人安娜·卡列尼娜描写成抛弃年轻的丈夫奥布朗斯基军官，因为违背道德，不得不走上卧轨自杀之路。

这部小说中除了安娜·卡列尼娜和奥布朗斯基的悲情恋爱故事外，还加上了凯蒂和列民那种牧歌情调的恋爱故事。

小说中的许多人物，几乎都以实际人物为塑造对象，他们似乎都在人生中，不断地找寻着真理。

1874年春天，托尔斯泰把这部作品的最初部分，送到曾刊载过《战争与和平》的《俄国知报》新闻社排印初稿。

1875年1月起到1877年4月，《安娜·卡列尼娜》陆陆续续地连载，最

后第八章还未登在《俄国知报》上，就已经被印成单行本发行了。

《安娜·卡列尼娜》之所以断断续续地发表，是有其各种原因的。因为托尔斯泰必须一边写《安娜·卡列尼娜》，一边热烈地推展以雅斯拿雅·波里雅拿为中心的教育事业。

筹建草鞋大学，没有足够的经费，于是他们一家人连同妻子、儿女全部总动员，将住宅的一部分拨为私塾教室，对农民的子女施予基本教育，并出版了《国民教育论》及《初级读本》十二卷。

以后又加上撒马拉县的饥荒救济工作，以及1874年至1875年间伯母的病逝，而一岁半的幼儿贝萨与十个月大的幼婴尼克莱的夭折，

※《安娜·卡列尼娜》剧照

陆陆续续地打击着托尔斯泰，使得《安娜·卡列尼娜》的写作无法顺利进行。最后的第八卷，没有在《俄国知报》上刊载，则是因为他明显地表现出了反战态度，而与编辑发生了冲突的缘故。

《安娜·卡列尼娜》中的列民，将全部私有财产都捐赠出来，编成一队骑兵远征阿尔比亚，托尔斯泰认为这是上流社会人士盲目的行为，但当时俄国社会却认为这是爱国的高尚行动，所以托尔斯泰终于和《俄国知报》的主笔考克夫闹掰了。

当年托尔斯泰从军之时，先后写了《哥萨克》《西伯史特史里战记》，而到这时又坚决反对战争，这是由于托尔斯泰人生观发生了转变。

知识链接

《安娜·卡列尼娜》

《安娜·卡列尼娜》巨大的思想和艺术价值，使得这部巨著一发表便引起了巨大的社会反响。托尔斯泰并没有简单地写一个男女私通的故事，而是通过这个故事揭示了俄国社会中妇女的地位，并由此来鞭挞它的不合理性。作品描写了个人感情需要与社会道德之间的冲突。1877年，小说首版发行。据同时代人称，它不啻是引起了“一场真正的社会大爆炸”，它的各个章节都引起了整个社会的“跷足”注视，及无休无止的“议论、推崇、非难和争吵，仿佛事情关涉到每个人最切身的问题”。但不久，社会就公认它是一部了不起的巨著，它所达到的高度是俄国文学从未达到过的。伟大作家陀思妥耶夫斯基兴奋地评论道：“这是一部尽善尽美的艺术杰作，现代欧洲文学中没有一部同类的东西可以和它相比！”他甚至称托尔斯泰为“艺术之神”。而书中的女主人公安娜·卡列尼娜则成为世界文学史上最优美丰满的女性形象之一。这个资产阶级妇女解放的先锋，以自己的方式追求个性的解放和真诚的爱情。虽然由于制度的桎梏，她的追求只能以失败而告终，但她以内心体验的深刻与感情的强烈真挚，以蓬勃的生命力和悲剧性命运而扣人心弦。它最吸引人的是作者胆大的作风、华丽的文字和恰到好处的张力，给这部旷世之作赋予了生命。

与妻子的分歧

一天，托尔斯泰在宅外附近散步。

托尔斯泰有个习惯，每当散步时，口里经常轻轻哼着自己作的曲子，有时用鼻子哼。

当时有位割草的老婆婆经过，肩上扛着一个沉甸甸的袋子。

正在散步的托尔斯泰

"呀，老婆婆，你身体真健康，这个袋子很重吧。"托尔斯泰向她打招呼说。

"老太爷，的确是很重。您也同情我们这把年纪还非工作不可的人吗？"

托尔斯泰听她这样说，便点点头道："真是令人同情。"

那位老婆婆停下脚步，露出哀伤的眼神说："老太爷，你只不过是口中随便说说罢了，心中未必会真正同情我们。"

"不，我的同情，是发自内心的。"

※托尔斯泰与友人下棋，家人围观

"真的吗？如果这样的话，那请把这些栅栏拆掉吧。"

最初托尔斯泰不明白老太婆说些什么，经仔细问过后，才知道，原来是托尔斯泰的住宅四周，有木栅将广阔的庭园团团围住，以致农人们要到宅子前方去割草时，非沿着这木栅栏绕很远的路不可，老婆婆很不满意这种做法。

"我明白了，我带你去。"

托尔斯泰请那老婆婆到木栅栏内，让她穿过庭园。

托尔斯泰很想和雅斯拿雅·波里雅拿地方的村民互相处得很好，然而却不能做到，原因是他和农民之间已有了障碍存在。

这种障碍是什么呢？由那位老婆婆的憎恶就可以证明。因为托尔斯泰是地主，而村民们都是他的佃农。他要想和村民们保持更好的情谊，非得把自己的土地分给佃农们不可。托尔斯泰想，唯有如此才能做到真正的平等，才能维持良好的关系。然而想始终保持现状的妻子，不用说一定坚决反对。

"近来农人们都变得蛮横，他们之所以有这些情形发生，可以说完全是由于你平常对他们太过于娇宠所致。"

"我只不过想和农人们好好相处，待他们像待自己家人一般罢了。"

"别妄想！"

妻子一直存有先入为主的观念，总认为自己是地主，农人不过是佃农罢了，因此托尔斯泰实在无法下定决心照自己的意思去做。正当迷惘不能有所决定时，与佃农们的纷争事件却层出不穷。

托尔斯泰的土地上约有七百多个佃农，虽设有管理人员来照顾这些土地，可是这些人不但没有学识，而且贪婪，又不懂得经营，在无法达到预定的收入目标时，他们便擅自提高田租。

另外，土地上不设置栅栏，农民饲养的家畜便肆无忌惮地任意进入屋宅园地，破坏花坛，于是管理人员便借机向农民讹诈巨额罚款；另外一方面，看守的人常常偷懒，以致盗伐森林的事件愈来愈多。再加上佃农的孩子们，不但进入屋宅、破坏花园设置，甚至进入仓库、地窖偷窃东西，或在屋宅的水池内钓鱼、撒网捕鱼。

为了这些，托尔斯泰妻子非常生气，甚至告到县长处，请求派人在宅第内巡查。“不要这么做，你请求派人巡查那不是等于要抓农民吗？我可受不了，你绝对不能这么做！”托尔斯泰知道这件事后，便竭力反对。

“最近橡树已被盗伐了一百二十九棵，难道这还能忍受下去吗？”妻子不听劝告。

“做坏事的人，或许现在已经自我反省了。”

“绝对不会的，他们得逞之后，只不过伸伸舌头，甚至还暗暗窃喜，准备再犯呢。”

“不要有这种想法。”

1910年结婚四十八年纪念照，两个月后托尔斯泰就离家出走了

※托尔斯泰夫妻的床

“你才不应该有你那种不切实际的想法！像这样的情形演变下去，我们将会变成身无分文的乞丐。”

“绝对不可有这种偏激的想法。”

“你才应该好好检讨，假如不是你娇宠农民，怎会落到今天这种地步？我认为非给这些恶人一点惩罚不可，而你却不闻不问处之泰然，莫非你还认为被破坏是理所当然的事？”

托尔斯泰什么都不能说了。当晚他在日记上这么写：“神啊，救救我吧，我想离家出走，却又下不了决心，可是又无法打消离家出走的念头。”

托尔斯泰一直在苦恼着。12月15日的晚上，又和妻子发生了口角，当时托尔斯泰清清楚楚地说：“我现在只有两条路可走。一条是我离开这座宅第。不过当我离开时，我有权处置余留下来的事物。另外一条是把我所拥有的土地，全部分配给农民们，同时我的小说以及论文等著作版权，也委托大众管理支配。你若相信我的话，想必一定同意我的做法。”

托尔斯泰这么说着，同时逼视着妻子，妻子脸孔渐渐发青，摇着头说：“我反对，彻底地反对！无论你怎么说，我决定要保护这个家庭的财产，因为我们拥有的是属于我们自己的啊，并非窃取抢夺而来。如果把我们的整个土地、财产分给别人后，我们所剩不过是一些衣物、首饰之类，你难道要我们每天典当度日吗？而且这点东西也有限，不久就会卖光，到了子孙辈时，已身无分文，他们非沦为乞丐不可，那时必定很可怜，我为了子孙们着想，反对你的做法。”

托尔斯泰对妻子说：“若是你还珍惜夫妻感情的话，就应该赞成我的想法，而且也要尊重别人。”

可是妻子却坚决地说：“我当然爱你、尊敬你，不过那是两回事啊。你不能把财产分给别人，那是事关我们子孙的生活问题。”

“人类都是神的儿子，因此

19世纪的俄国

托尔斯泰作品

大家都应该平等；不仅是财产要平等，而且幸福都应平等。你只要看看四周的人就会明白，有些贫苦的人，吃马铃薯时竟连盐都沾不到，在饥饿的脸上浮现出凄苦的表情。反观我们家的餐桌上却摆满了可口的佳肴，在这种对比的情形下，我们生活得快乐吗？”托尔斯泰这样开导她，可是妻子竟像石头般的顽固。

“想起那些农人们确实是很可怜，可是我们自己也不能饿死呀。”

托尔斯泰感到十分地苦恼，他的理智虽然强烈，但心却很软，因此他感到非常沉痛。

妻子说：“你既然对自己的财产感到负荷太重的话，那不如分配给孩子们好了。这样一来，你不就可以解放了吗？你实在没有必要把自己的财产分给那些盗伐树木、偷窃欺诈你的人们，而应该分给每天叫你‘父亲’，尊敬、爱你的孩子们，这样一来，孩子们也会领情的。”

托尔斯泰写信给一位朋友述及这一晚的事，他说：“……与妻和子女们一起商谈往后的事情，结果非要我在分财产给子女们的文件上署名不可。这个文件，虽然会把我从拥有托尔斯泰家财产的重大包袱下拯救出来，可是这并不是实行人类平等的正确原则，因此在这文件上署名是违背我的原则的，然而我还是署名了。因为要不这样做，我整个家庭将会破裂，原则虽很重要，可是我也不想摧毁我的家庭。”

托尔斯泰一边写这封信，一边冷静地想着。

“是的，照这样做，我只剩下一条路可走——离开这个家。”

留给妻子的书信

托尔斯泰当时在日记上写着："要是不单独自己一个人，就无法接近神明。"这是他当时最极端的想法。

托尔斯泰对妻子说："你已失掉灵魂了，请唤回你的灵魂吧。"妻子仍然不听，一味地反对他的看法。

※托尔斯泰油画像

※托尔斯泰与秘书

托尔斯泰夫妇是于1862年9月结婚的，他当时三十四岁，索菲娅仅十八岁，他和妻子思想上的隔阂大概是由于年龄的差距太大。而且不仅这样，由于妻子重视物质，才失去理性，她除了控制不住理性外，没有别的不好，而他们的婚姻也没有失败。甚至可以说，托尔斯泰由于和索菲娅结婚，才开创了新生活。

托尔斯泰当时曾说："……婚姻生活的幸福，会把我蚀尽。"他确实幸福。妻子曾帮他誊清原稿，她了解托尔斯泰的文学写作，他最初的长篇小说《战争与和平》完成于1869年，可以说是和妻子在恩爱生活中诞生的纪念作品。

然而和妻子意见不合，则是由于托尔斯泰想依照自己的理想方式生活才开始的。

托尔斯泰的希望不用说是想打破丑恶的现状，开创未来平等、和平的世界，然而妻子却肯定现实，希望永远过着如往昔那种贵族般的荣华生活。由此，他们除了争论外，没有其他方法了，托尔斯泰为此事苦恼不已。

托尔斯泰想离家出走的决心，是从三女儿阿丽克圣多拉诞生时开始萌发，大约始于1884年。也可以说从那时起，他和妻子的思想发生了激烈的摩擦。

托尔斯泰当时曾步行前往托拉去，可是走到半途又返回家中，因为放心不下自己的家人。他一想起那躺在襁褓中哭啼不停的婴儿时，就驻足不前，暂时打消了离家的念头。

然而他并非因此而中断离家出走的念头，尔后还会不断地想出走。

关于离家出走的想法，托尔斯泰大都只是一个人单独地深思着，不过有时也对某些亲密的友人，隐约地透露一点心声，托尔斯泰就曾对自己的助手谈过。

另外一位住在基辅的陌生学生，曾向托尔斯泰进言："把你那些财产分配掉，就这样身无分文地从这个城镇乞讨到另一个城镇，过那漂泊的自在生活吧。"

托尔斯泰答复他说：

舍弃社会地位，把资产让给有继承权的人，而自己变成一文不名，这我早已实行了，理由无他，乃是因为我的四周到处是贫苦的人。不过，我把财产分配给妻子及子女们，使他们过着奢侈的生活，这样对吗?就为了这件

※托尔斯泰《战争与和平》中文版

※托尔斯泰土丘坟

事我一直困扰着。

如此做，不是和我所企求的要使大家都达到幸福的心愿相距太远了吗?我为了这件事，每天都懊悔不已。

至于谈到你要我做到身无分文，像乞丐般由这个城镇自由自在地飘荡到另一个城镇，这办法让我深深地感动。然而你给我这种建议，我也早想过了，我不知已下了多少次决心，然而都不敢实行。与其说我意志不坚，倒不如说被种种事物所羁绊。不过，我可以断言，我并不是体恤自己……

托尔斯泰对这位未曾谋面的学生作如此的回复。当他回这封信给这位学生之前，早已写好了遗书，当时是1897年7月8日，收件人是妻子索菲娅。

托尔斯泰写完遗书之后，把它放入信封内，在封套外面写着："没什么特别事情，请在我死后把这封信交给我的妻子。"

托尔斯泰给妻子留了遗嘱。但这封信从开始一直没被公开。

托尔斯泰真正离家出走，是在1910年10月28日，这封遗书却不需要再改写了。

离家出走

有时迷惘，有时踌躇，有时苦叹不已，托尔斯泰决定出走的日子终于来临了，那是1910年10月28日。

托尔斯泰在奥普提那修道院时，在日记上记下这天的事情：

※1910年的托尔斯泰

我十一点半上床，三点醒来，但天色依然昏暗，当时我听到了走路的脚步声及敲声门。

可是我并没朝门那边看，等我往那边看时，只见从门缝透进来一条亮光，并听到一阵沙沙声。

大概是我妻子索菲娅在书房内翻看什么文件。

前天晚上，她告诉我不要把书房门锁上。不，是要求我不要锁上。

因为她房间的两扇门一直是敞开着，因此我的一举一动不管怎样轻微，都逃不过她的耳目。

所以不论我做什么事，说什么话，都无法隐

瞒她。也就是说，无论白天还是夜晚，我的一举一动都在她的监视下。

她随时对我提高警觉，走路时放低脚步声，偷偷地穿过我的寝室。

我当时非常愤怒，至于我为什么会感到无法忍受对她的憎恶和愤慨，则无法说明。

那时我虽想继续睡，但已睡不着了。

我躺在床上辗转反侧，左思右想种种事情，最后干脆起身点上灯坐着。

房门打开了，她走进来说："为何房间内的灯还亮着？"然后探问我的健康。

由于她的这种行为，我已明白了，直到现在我仍被她监视着。我连呼吸都感到不自由，自己按一按脉搏，竟跳到九十七下。

我保持原先坐着的姿势，因为实在无法睡了。最后决定离家，于是我开始写留给妻子的信，信的内容是这样：

"我于1910年10月28日早上四点离家，想必会使你伤心，但我也非常痛苦。

我除了这样做之外，已别无他法，请理解并相信我。

我在家里的处境，实在令我无法忍受了，除了离家外，真的没有其他办法。

我已把所有的事置之度外，也把当前的奢侈生活放弃了，尔后绝不再过这种无法实践理想的痛苦生活了。

像我这样的老人，已将一切名利享受都置之淡然，只是想在孤独平静中度过余生，也就是准备从俗界生活中引退，你认为如何？等你了解我这种想法后，纵使知道我的所在，也不要到我隐居的地方来，若是你一来，那只有破坏我们两个人的处境罢了，我已走向我该走的路了，当然不会再回来。

非常感激你和我共度了四十八年的忠实夫妻生活，而且请求你能像我一样，发自内心宽恕、谅解我。

我诚恳地告诉你，由于我离家，你才能有新的生活，而对我也才会具有好感。

如果你想向我说什么，请由沙霞转达，但她不会告诉你我的住处，因为我要她严格保密，不要告诉任何人……"

托尔斯泰写完这封信装入封套后，随即站起来。

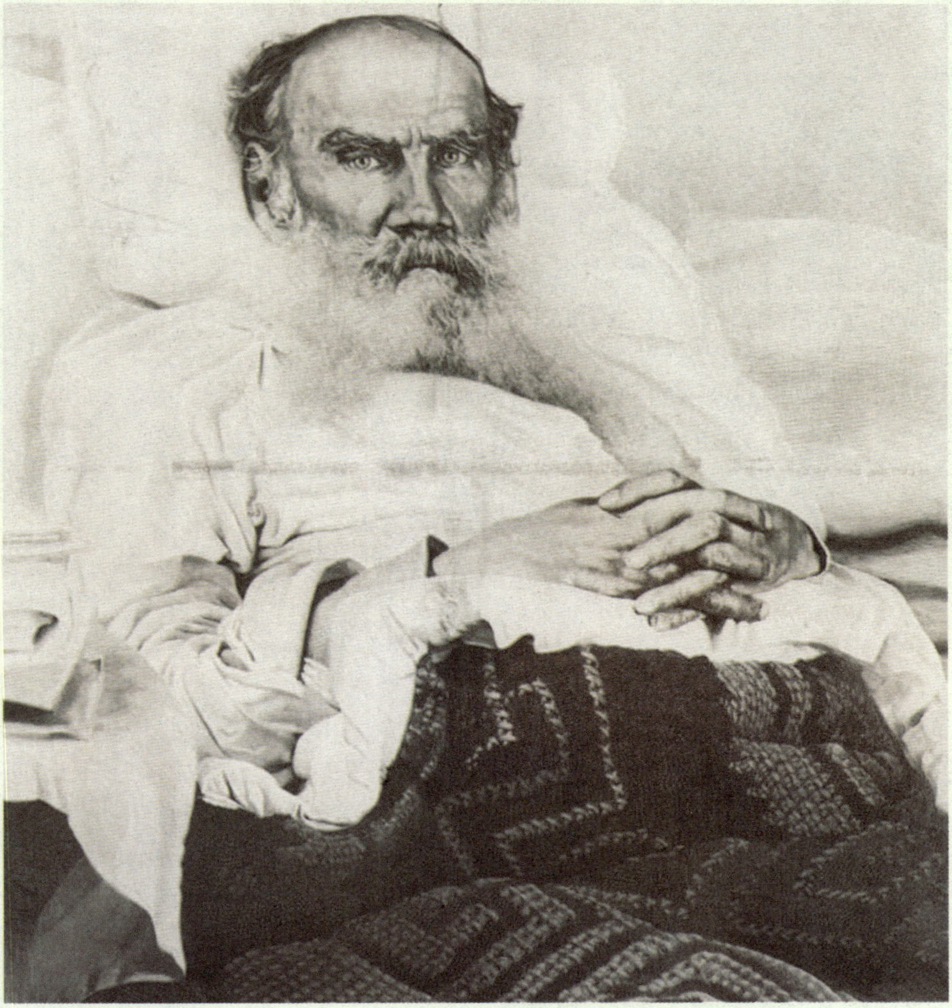

床榻上的托尔斯泰

已下定决心离去，只要稍微准备一下携带物品，其他就只是离家了。

托尔斯泰把身旁的东西放入箱内扣好后，悄悄叫醒帮忙的人，也就是他所喜欢的学生麦可奇伊医生。知道他离家出走的人，只有这位医生和女儿沙霞及其男友瓦略，因他事先已悄悄地让他们知道。他叫醒医生后，也叫醒了沙霞。

沙霞起床后，托尔斯泰指着整捆堆积在桌旁那把有肘垫椅子上面的原稿说："沙霞，这些都是我尚未发表的原稿，你替我保管起来好吗？"

沙霞答应后，问："带日记本

托尔斯泰故居前的木椅

了吗？”

“带了，帮我把铅笔和钢笔都放在袋子内。”

沙霞要爸爸带一点常用的药和手电筒及毛皮外套。

大家都谨慎地不发出一点声响，否则吵醒了托尔斯泰的妻子，这次决心离家的行动又将成为泡影。

托尔斯泰准备走向马厩要车夫们为自己备马车，而此时天还未亮，四周一片漆黑。

托尔斯泰的精神可能无法集中，平常到马厩这条路很熟悉，现在却由于天暗，纵然像有人牵着鼻子走，恐怕也会走错。托尔斯泰果然误闯入树林内，不时撞上树干，弄得晕头转向，几次跌倒在地，连帽子也不知甩到哪里去了，急急忙忙地爬起来，找寻帽子却找不到。

没有办法，在黑暗中摸索了好一阵后，仍旧回到卧房找来另一顶帽子戴上，拿了一个手电筒，总算到了马厩，叫醒车夫准备马车。在这一段时间，沙霞他们正帮托尔斯泰准备所需物品。

一切就绪后，托尔斯泰和医生两人登上马车，沙霞虽想跟他一起去，但被托尔斯泰阻止了。

“沙霞你留下来，两三天后我才能确定隐居的地方，那时我会通

知你，等到那时再联络好吗？”

“爸爸首先想在何处落脚？”她噙着泪问。

“以马鼻所朝着的方向，大概是先往我妹妹也就是你姑母玛丽亚所在的夏玛鲁丁斯基修道院去吧。”

“那我等你的信。”沙霞总算得到了一点线索。

马车出发了。

如果妻子醒来呼叫的话那就不妙了，因此大家的声音尽量放低。沙霞虽然曾说：“爸爸，再见，请保重身体。”然而托尔斯泰却听不清声音。

马车依然在黑暗中行进。

“我不会再回到雅斯拿雅·波里雅拿了。”如此想着，他竟觉得整个身心都像绷紧似的。

※托尔斯泰画像

阿斯塔波沃的小站

到达西察基诺火车站，才知道距火车进站还有一个小时。

在这一个小时等车的时间内，令托尔斯泰提心吊胆，好像预感妻子要从后面追来似的。

然而，她却没有追来，火车慢慢地驶进车站。

知道妻子没有随后赶来，才算松了一口气；但又觉得妻子很可怜，因而感到万分歉疚。

托尔斯泰登上火车后，车子就慢慢驶离车站。

托尔斯泰在车厢内想着："……我已经不是列夫·托尔斯泰了，我可以把隐藏在内心的东西发泄出来了。"

托尔斯泰整天几乎不吃不喝，也无法充分睡眠，当天下午六点后，才抵达全俄罗斯最有名的教堂之一——奥普提那修道院。

托尔斯泰曾好几次来过这修道院，他一直尊敬着这修道院的修道士米哈伊尔。

尽管托尔斯泰在神圣宗教会议上被希腊正教除名，但仍受到了米哈伊尔的热烈

离开家的托尔斯泰

欢迎，他让托尔斯泰住了一宿。

虽然当晚托尔斯泰九点就躺进被窝里，但却睡不着，眼睛大大地睁着，于是干脆爬起来点上蜡烛，写着《有关死刑的信》，这是他最后一篇散文。

第二天托尔斯泰就离开修道院。

“房租多少？”离去之前他问修道士。

“这里是修道院，随意好了。”修道士说。

“三卢布好吗？”托尔斯泰想了一下说。

“够了。”

“请说实话，不会太少吧？”

托尔斯泰一边说一边拿出三卢布交给他，并在随缘簿上写了：“谢谢款待。列夫·托尔斯泰。”临走时，有很多修道士欢送他。

托尔斯泰骑上马往妹妹玛丽亚所在的夏玛鲁丁斯基修道院行去。到达修道院时，已是当天黄昏六点半左右。

赶巧外甥女丽莎去看母亲，她们母女对托尔斯泰表示理解和同情，使托尔斯泰感到欣慰和愉悦。

10月11日，切尔特科夫的信送到了，对他的出走表示肯定与支持。10月17日，沙霞赶来，带来妈妈、哥哥、姐姐的信。看完妻子的信，托尔斯泰流下了泪水。信是这样写的：

亲爱的，回家来吧。你救救我，否则我会自杀的。你是我终生的朋友，你希望我做什么，我一定做什么，我将抛弃一切奢侈，我们一起友好地对待你的朋友们，我将去疗养，我会温顺的。

所有的孩子都在这里，但是他们那种过于自信的武断是帮助不了我的。我需要的只有一种东西，那就是你的爱，我一定要见到你。

我的朋友，请允许我哪怕向你告别也行，哪怕让我最后一次对你说我是多么爱你也好。你唤我去吧，或者你自己回来吧。请饶恕我，我一直在寻找你，呼唤你。我的心里是多么痛苦啊。

但托尔斯泰没有选择。

考虑到妻子、儿女随时都可能追来，他便决定离开这里，乘火车到南方去。于是，他又给夫人写了一封信，劝她好自为之，不要再找他。信里他说：

见面，尤其是回去，目前是不可能的。正如大家所说，这对你极其有害，对我则十分可怕。

※匈牙利城市风光

我劝你接受已经发生的一切，适应一时还不习惯的新处境，而主要是就医。不要认为我出走是因为不爱你，我爱你，而且真诚地怜悯你，但我不能有别的选择。

妹妹玛丽亚拥抱托尔斯泰。

托尔斯泰走进妹妹的起居室，并在那儿吃了晚饭。

“哥哥，此后你打算到哪儿去?”妹妹不安地问。

“还没决定。”

事实上的确是这样。托尔斯泰想暂时到俄国各地去旅行一趟，然后弄一张护照到匈牙利去，因为这个国家有许多尊敬托尔斯泰的人。

然而，要想办一张护照可不是容易的。假如办不好的话，那就到山川明媚、令人缅怀的高加索去。

“高加索，那不是你从前曾经独立生活过的不毛之地吗?”妹妹哽咽着说。

“是的，当兵的时候，曾留恋于那美丽的山川之畔，但这已是六十多年前的事情了。高加索是个美丽的地方，住着许多人情味非常浓厚的人们，想必现在也不会有多大改变吧。”

托尔斯泰和妹妹交谈时，又曾想到可以暂时住在妹妹的附近。

“在往匈牙利去之前，我觉得暂时住在这修道院附近也不错，你认为如何?”托尔斯泰带着不忍乍然离去的感觉征询妹妹的意见。

“那我该高兴啊!”妹妹脸上绽出笑容来了。

“明天我到这附近找找看，有没有空房屋出租。”

当晚托尔斯泰借着烛光，又给妻子写了一封信。

“……纵使你不爱我，但至少也请不要憎恨我，你应该站在我的立场稍微想一想，假如一旦你能站在我的立场上想开了，恐怕那时你不但不会责怪我，而且说不定还会竭力帮助我，因为我已找到一条平静而真正像人样生活的路了。”

托尔斯泰在这封信上以求道者的立场，一点一滴表露出他的心声。

第二天，托尔斯泰照着妹妹的指示，到附近寻找出租的房子，在附近整整转了一圈，然而却一直找不到，于是托尔斯泰请人送他到修道院。

傍晚时，沙霞突然出现，告诉托尔斯泰说：“妈妈说不定会从后追来。”

“你妈没有看到我的信吗?”

“妈妈看到您的信后，已成半疯狂状态，曾经跳塘自杀过哩。”

“自杀?”

“嗯，不过很快就被抢救了。”

“真的?我对你母亲的狂言早已听腻了……就这样，你告诉你母亲有关我的行踪了吗?”

“不，我没有让她知道，可是妈妈派人到处打探您的行踪，最后在西察基诺车站打听到您乘火车走的消息，于是才想到这里的，因为姑母住在这里。”

“真不错。”托尔斯泰马上不安起来。

“既然这样，在还未被发现之时，您赶快离开此地吧，最迟明天就要离开。”沙霞倒是很同情托尔斯泰。

第二天早晨天一亮，托尔斯泰给妹妹玛丽亚写了一封告别信，就跟医生找辆马车到火车站去了。

沙霞随后追到火车站，刚上车，火车就开了。

托尔斯泰决定先到新切尔卡斯找外甥女丽莎的丈夫，如果能弄到护照，就从那儿到保加利亚托尔斯泰侨民区去；如果弄不到护照，就改去高加索。

车厢里的人认出了托尔斯泰，转眼之间消息传遍了全列车。许多人赶来看他，引起了小混乱。列车员不得不安排他们去一个单独的小房间，还帮助沙霞给托尔斯泰煮燕麦粥，并把那些好奇的旅客赶走。

五点多，托尔斯泰感到浑身发冷，喊沙霞。沙霞来给他盖上毛

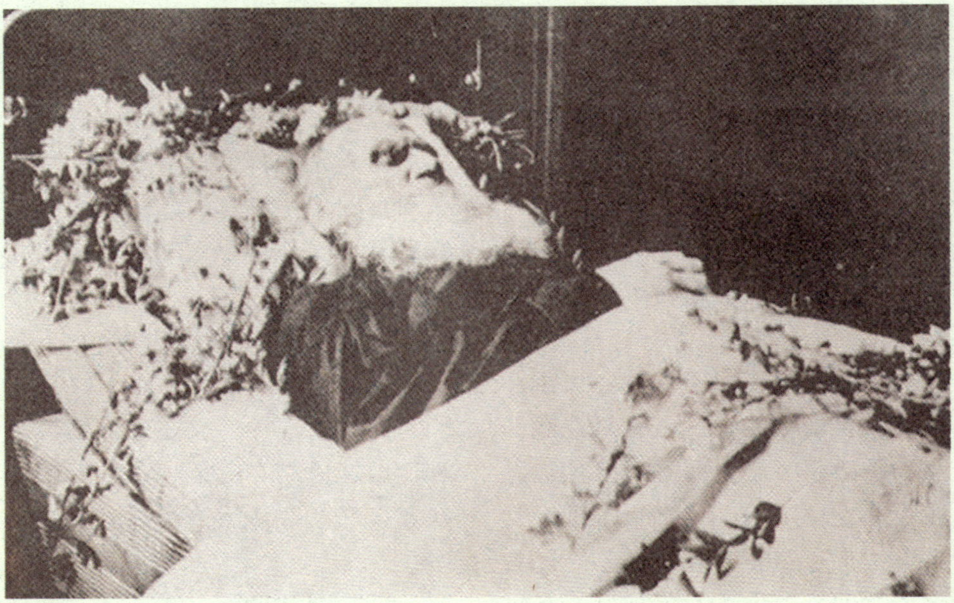

※一代文豪托尔斯泰最后遗容

毯，并给他测量了体温。他正在发烧。医生说给他喝开水或带酒的茶会好些。等火车进站时，沙霞就下车打来了开水。但是，喝完茶水，托尔斯泰却继续打寒战，体温又升高了。

沙霞和医生商量后，并征得托尔斯泰同意，他们决定不往前走了。于是，晚上八点左右，当火车开到阿斯塔波沃车站时，他们下了车。

下车后，医生请车站的站长帮助找个住处，因为这里没旅馆。站长劝他们住在自己家里。

11月14日，托尔斯泰口授，由沙霞执笔给她大哥谢辽沙和大姐塔尼娅写了一封信。

信里说：

我希望并且深信你们不会因为我没有叫你们来而责备我。如果我叫你们来，而不叫你们的妈妈来，她会很伤心的，其他兄弟也如此。你们要好好理解我叫切尔特科夫来的意思。他把毕生精力献给了我最后四十年所从事的事业。这个事业不仅对我个人重要，我认为(不管是对是错)它对一切人，包括你们也都很重要。再见了，你们要尽力劝慰妈妈，我对她怀有最真诚的怜悯和爱。

11月15日，托尔斯泰病情加重，开始咳嗽，痰里有血。医生说是肺炎。

当天下午五时，医生收到一封电报，说托尔斯泰夫人带两个儿子和医生等人将乘特快列车赶来。

11月16日，三个著名医生赶到。

同一天，夫人和几个子女赶来了。医生和大家商量，为了不让托尔斯泰激动，只允许长子谢辽沙和长女塔尼娅先去看他。

托尔斯泰见到两个孩子，很高兴，一再询问夫人的情况。他甚至担心自己去世后，人们会把夫人想得很坏，便含着泪说：“我本来可以把事情处理得更好一些。”

11月17日，托尔斯泰失去了知觉。有时他还说胡话，但很难听懂说什么。

11月19日，沙霞和塔尼娅正守候在床边。他忽然欠起身，强撑着坐了起来。

沙霞忙问：“你想要什么呢?”

他却说：“我想告诉你们，不要再管我了，世上比我困难的人还有许多。然而你们现在却只担心爸爸。你们不要只顾到列夫·托尔斯泰一个人啊!”

傍晚，他的病情加重，只好吸氧，注射莰酮。他平静了下来，

托尔斯泰的葬礼

※托尔斯泰坟墓

对谢辽沙说："谢辽沙，我爱真理……非常……爱真理。"

11月20日，凌晨五时，托尔斯泰夫人被允许进去看失去知觉的丈夫。她俯身向丈夫吻别，泪水滴落到丈夫的脸上……

同日，6点5分，托尔斯泰与世长辞了。

11月22日清晨，托尔斯泰的灵柩运抵扎谢克车站。尽管政府阻挠，仍有数万群众来为他送葬。

当天下午，遵照托尔斯泰遗嘱，他的遗体被安葬在扎卡斯峡谷旁的那个树林里——传说这片树林里就埋着神秘的小绿杖。